高等职业教育新商科系列教材 财务会计类专业系列

U0646580

会计基础实训

（第4版）

主 编◎徐淑华 石 巍

张梦雨 李代文

副主编◎汪 柳

KUAIJI JICHU SHIXUN

北京师范大学出版集团
BEIJING NORMAL UNIVERSITY PUBLISHING GROUP
北京师范大学出版社

内容提要

《会计基础实训(第 4 版)》分为三个部分:第一部分,会计书写练习,要求在学习会计基础过程中多次反复练习;第二部分,会计基础单项练习,要求熟练掌握各单项练习的技能;第三部分,会计基础综合实训,要求完成一个会计期间的基本会计处理。

本实训教材以生产企业会计业务为主,兼顾商业企业的会计业务。在编写过程中,遵循"精选内容、加强实践、培养技能、突出应用"的原则,力求做到以能力培养为主线,体现教材的针对性、实用性、先进性、适用性和易懂性。

图书在版编目(CIP)数据

会计基础实训/徐淑华等主编. —4 版. —北京:北京师范大学出版社,2024.6

(高等职业教育新商科系列教材 · 财务会计类专业系列)

ISBN 978-7-303-29744-3

Ⅰ.①会… Ⅱ.①徐… Ⅲ.①会计学 Ⅳ.①F230

中国国家版本馆 CIP 数据核字(2024)第 018677 号

图书反馈意见:zhijiao@bnupg.com
营销中心电话:010-58802755　58800035
编辑部电话:010-58806750

出版发行:北京师范大学出版社 www.bnupg.com
　　　　　北京市西城区新街口外大街 12-3 号
　　　　　邮政编码:100088
印　　刷:保定市中画美凯印刷有限公司
经　　销:全国新华书店
开　　本:787 mm×1092 mm　　1/16
印　　张:12.25
字　　数:259 千字
版　　次:2024 年 6 月第 4 版
印　　次:2024 年 6 月第 1 次印刷
定　　价:35.00 元

策划编辑:包　彤　　　　责任编辑:包　彤
美术编辑:焦　丽　　　　装帧设计:焦　丽
责任校对:陈　民　　　　责任印制:马　洁　赵　龙

序 言

要想学好一门课，应当先明确课程学习目标和能力目标，还应当掌握学习方法。

一、课程学习目标

通过本课程的学习，学生能够明确会计的基本理论和基本概念，掌握会计核算的基本知识和基本方法，培养会计核算的基本技能和综合运用知识的能力，为学习后续专业课程和从事实际工作奠定基础。

二、课程能力目标

1. 能解释企业的资金运动、会计的六大要素，能说出制造业有哪些基本经济业务，能处理资产与权益之间的平衡关系，能描述会计核算各种专门方法的关系。

2. 能解释会计科目和账户的关系，写出基本会计科目；能解释账户的性质和用途，准确判断账户的结构；能根据经济业务，应用借贷记账法原理，熟练编制会计分录；能处理总分类账户与明细分类账户的平行登记。

3. 能分清不同类型的原始凭证和记账凭证；能熟练填制主要的原始凭证和记账凭证；会查找会计凭证中的常见错误，并更正。

4. 能熟练登记日记账、总分类账和明细分类账，能进行对账和结账，能运用正确的方法更正错账。

5. 知道各种账务处理程序的核算步骤，了解各种账务处理程序的特点、优缺点及适用范围，会用几种基本的账务处理程序处理经济业务。

6. 知道各种财产清查方法，会用"待处理财产损溢"账户进行财产清查结果的会计处理。

7. 能进行资产负债表、利润表的初步编写，能初步阅读现金流量表。

8. 能明确会计人员的职责、会计专业技术资格的评聘条件和各自的职责，会运用会计档案的保存方法。

三、课程学习建议

"会计基础"课程既是高职高专大数据与会计、大数据与审计专业的一门专业基础课程，也是经济贸易类部分专业的专业基础课，同时又是一门时效性、操作性很强的课程。该课程的学习效果将直接影响后续专业课程的学习和实际工作能力，所以，应当重视该课程的学习。

理解和掌握一门课程，学习方法很重要，方法掌握得好，事半功倍；反之，则事倍功半。学习本课程的方法，概括起来就是抓住主线、把握概念、领会要点和勤于演练。

1. 抓住主线

学习本课程有一条主线，这条主线就是"会计核算方法"。"会计基础"课程的整个内容，是按照"会计核算方法"这条主线展开的。在会计核算过程中，填制凭证和登记账簿是记账环节，成本计算是算账环节，编制会计报表是报账环节；设置账户和复式记账几乎贯穿会计核算的全过程，其他方法都离不开这两种方法。

2. 把握概念

学生刚接触会计专业时，其中的某些概念(如资产是指由企业过去的经营交易或各项事项形成的、由企业拥有或控制、预期会给企业带来经济利益的资源)，由于术语生僻、表述复杂，理解与记忆确实有一定的困难，而掌握这些概念又是学习这门课程必不可少的。如果不能真正地把握课程中所出现的概念或只满足于一知半解，那么可能很难学会并融会贯通课程的全部内容，学习的效果也就可想而知了。

3. 领会要点

本课程的重点是会计核算方法及其运用，包括两种核心方法及其运用实务、其他五种方法及其运用实务两大部分。

两种核心方法是指设置账户和复式记账。这两种核心方法及其运用实务是建立和运用其他五种会计核算方法的基础。因此，它是本课程的核心内容，是本课程重点中的重点。这部分内容在《会计基础(第4版)》第二章和第三章中阐述。

其他五种方法是指成本计算、凭证填制和审核、账簿登记、财产清查、会计报表编制。这部分内容在《会计基础(第4版)》第三章、第五章、第六章、第七章、第八章和第九章中阐述。

4. 勤于演练

对于"会计基础"这种技能性很强的课程，必须多做练习，多进行演练(如作业、同步测试、单项实训和综合实训)。学生在演练过程中既可以锻炼方法技能的运用，又可以巩固基本知识，增强学习兴趣。演练可以提高分析问题、表达问题、处理问题的能力，锻炼对概念的理解与记忆能力，提高归纳总结的能力。本书通过对会计业务的反复演练，培养学生精益求精的工匠精神，培养学生严谨、认真、勤奋的职业习惯。

前　言

本套教材包括《会计基础(第 4 版)》和《会计基础实训(第 4 版)》。

在教材编写过程中,遵循"精选内容、加强实践、培养技能、突出应用"的原则,具体说来有以下几个特点。

1. 指导思想上,本套教材响应党的二十大对教材建设与管理的要求,力求将思政教学贯穿教材改革的始终,不断提高教材的思想性、引领性和时代性;力求满足会计岗位所应具备的会计基础知识和基本技能的要求;力求体现教材的针对性、实用性、先进性、适用性、易懂性。

2. 结构上,立足于灵活、多样、有趣的编写形式。

本套教材体系完整,主体教材中还增加了二维码教学资源,突出"互联网+"移动学习,实现纸质教材与电子辅助教材形式并存,满足多媒体教学和实验实训要求,教材呈现方式多元化。

主体教材采用了相关链接、案例分析等形式,各章内容包括:(1)每章开头都简要提示本章的知识目标、能力目标和素养目标;(2)相关链接,做好与后续课程知识的衔接;(3)数字化资源,学生可以通过扫描二维码进入会计专业课程在线课堂,并可随时随地获取教学微课、案例分析、教学动画、学习课件等资源,实现线上与线下融合学习;(4)图表,通过图表的方式阐述会计概念及其之间的联系,使学生能直观地理解会计的基本理论、基本方法;(5)实例分析,具体展示有关会计知识和实务操作的各种问题及解答,使学生能熟练掌握基本技能;(6)同步测试,更好地巩固所学的内容;(7)知识汇总,采用框图形式,便于学生复习。

3. 内容上,立足于"新",注重于"实"。

第一,本套教材结合会计专业人才培养目标,系统剖析课程教学内容,以"爱国敬业、诚信守法、增强本领、严谨细致"为思政主线,为各章设置具体的素养目标。同时,充分挖掘和运用思想政治教育元素,系统设计与甄别思政案例,引导学生践行会计职业道德规范,培育会计职业精神,深化会计职业理想。

第二,本套教材以"会计核算方法"为主线,用基本、简单的经济业务实例来讲述会计的基本原理,做到通俗易懂。精准对接企业的主要经济业务,为学生今后的就业、创业赋能。

第三，本套教材增加旨在强化道德素质教育的"会计职业道德"内容，注重以诚信为主要内容的会计职业道德和严谨工作作风的培养。

第四，实训教材旨在进一步提高学生的会计基本技能和处理会计业务的实践能力。

4. 技能考证上，本套教材充分考虑学生技能证书考试的需要，将相关资格考试的知识和技能，纳入对应章节或训练项目，使课堂教学与职业资格考试相结合。

本书由徐淑华、石巍、张梦雨、李代文担任主编，汪柳担任副主编。第一部分由石巍编写，第二部分由李代文、张梦雨编写，第三部分由徐淑华、汪柳编写。全书由徐淑华拟定编写大纲，并负责全书的统稿和定稿。

本书的撰写，博采众长，参阅了部分专家、学者的著作(具体书目附后)，在此表示感谢！

由于笔者理论水平有限，对实践探索与研究不够，书中难免存在不足之处，敬请各位专家和读者批评指正。

编　者

2024 年 1 月

目　录

第一部分 会计书写练习

任务一 书写阿拉伯数字

一、练习目的

掌握阿拉伯数字的标准写法，做到书写规范、流畅。

二、阿拉伯数字的标准写法

1. 字体要各自成形，大小均匀，排列整齐，字迹工整、清晰。

2. 有圆圈的数字，如"6""8""9""0"等，圆圈必须封口。

3. 字体要自右上方斜向左下方书写，倾斜度为 $30° \sim 45°$。

4. 同一行的相邻数字之间要空出半个阿拉伯数字的位置。

5. 每个字要紧靠凭证或账表行格底线书写，字体高度约占行格高度的 1/2 或 1/3（行格较高的），以留出改错的空间。

6. 数字"6"要比一般数字向右上方长出 1/4，"7"和"9"要向左下方长出 1/4。

三、练习要求

自开设"会计基础"课程的第一周起，每周书写一页"会计数字练习用纸"，至书写规范、流畅为止。

阿拉伯数字参考字体

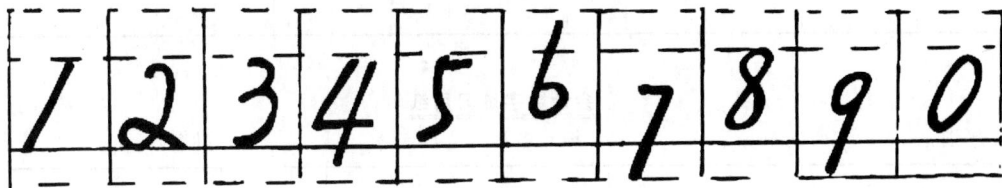

任务二 书写汉字大写数字

一、练习目的

掌握汉字大写数字的标准写法，做到书写规范、流畅。

二、汉字大写数字的标准写法

1. 汉字大写数字以正楷字或行书字为标准字体，要一笔一画书写。
2. 不写未经国务院公布的简化字或谐音字。
3. 字体要各自成形，大小均匀，排列整齐，字迹工整、清晰。

三、练习要求

自开设"会计基础"课程的第一周起，每周书写一页"会计数字练习用纸"，至书写规范、流畅为止。

另附： 会计数字练习用纸。

会计数字练习用纸

班别：　　　　学号：　　　　　　年　月　日　　　　　　　　姓名：

壹	贰	叁	肆	伍	陆	柒	捌	玖	拾	佰	仟	万	元	角	分	零	整

会计数字练习用纸

班别：　　　　学号：　　　　　　年　月　日　　　　　　　　姓名：

壹	贰	叁	肆	伍	陆	柒	捌	玖	拾	佰	仟	万	元	角	分	零	整

会计数字练习用纸

班别：　　　　学号：　　　　　　年　月　日　　　　　　　　姓名：

壹	贰	叁	肆	伍	陆	柒	捌	玖	拾	佰	仟	万	元	角	分	零	整

会计数字练习用纸

班别： 学号： 年 月 日 姓名：

壹	贰	叁	肆	伍	陆	柒	捌	玖	拾	佰	仟	万	元	角	分	零	整

会计数字练习用纸

班别： 学号： 年 月 日 姓名：

壹	贰	叁	肆	伍	陆	柒	捌	玖	拾	佰	仟	万	元	角	分	零	整

会计数字练习用纸

班别： 学号： 年 月 日 姓名：

壹	贰	叁	肆	伍	陆	柒	捌	玖	拾	佰	仟	万	元	角	分	零	整

会计数字练习用纸

班别： 学号： 年 月 日 姓名：

壹	贰	叁	肆	伍	陆	柒	捌	玖	拾	佰	仟	万	元	角	分	零	整

会计数字练习用纸

班别：   学号：   年   月   日   姓名：

壹	贰	叁	肆	伍	陆	柒	捌	玖	拾	佰	仟	万	元	角	分	零	整

会计数字练习用纸

班别：   学号：   年   月   日   姓名：

壹	贰	叁	肆	伍	陆	柒	捌	玖	拾	佰	仟	万	元	角	分	零	整

会计数字练习用纸

班别：   学号：   年   月   日   姓名：

壹	贰	叁	肆	伍	陆	柒	捌	玖	拾	佰	仟	万	元	角	分	零	整

会计数字练习用纸

班别：   学号：   年   月   日   姓名：

壹	贰	叁	肆	伍	陆	柒	捌	玖	拾	佰	仟	万	元	角	分	零	整

会计数字练习用纸

班别： 学号： 年 月 日 姓名：

壹	贰	叁	肆	伍	陆	柒	捌	玖	拾	佰	仟	万	元	角	分	零	整

会计数字练习用纸

班别： 学号： 年 月 日 姓名：

壹	贰	叁	肆	伍	陆	柒	捌	玖	拾	佰	仟	万	元	角	分	零	整

会计数字练习用纸

班别： 学号： 年 月 日 姓名：

壹	贰	叁	肆	伍	陆	柒	捌	玖	拾	佰	仟	万	元	角	分	零	整

会计数字练习用纸

班别： 学号： 年 月 日 姓名：

壹	贰	叁	肆	伍	陆	柒	捌	玖	拾	佰	仟	万	元	角	分	零	整

任务三　书写大小写金额

一、练习目的

掌握大小写金额的标准写法，做到书写规范、流畅。

二、大小写金额的标准写法

1. 小写金额的标准写法

(1)在没有数位分隔线的原始凭证、会计报表上，标准写法如下。

①只有分位金额的，在元位和角位上各写一个"0"，并在元与角之间点一个小数点，如"0.06元"。

②分位是"0"的，在分位上写"一个0"，如"8.40元"，不得写成"8.4—元"。

③金额是整数的，在元位以后点小数点，并在角位和分位上各写一个"0"，如"6.00元"；也可在角分位上划一字横线，如"6.—元"。

④元位以上每三位数字要空半个阿拉伯数字的位置，如"2 639 123.92元"，或者标有千分号，如"2,639,123.92元"。

(2)在有数位分隔线的凭证、账页上，标准写法如下。

①只有分位金额的，只写分位金额，元位和角位上不写"0"。

②只有角位或角分位金额的，在元位上不写"0"。

③分位是"0"的，在分位上写"0"。

④金额是整数的，在角位和分位上各写一个"0"。

⑤小写金额合计栏数字前面应填写人民币符号"¥"。

2. 大写金额的标准写法

(1)大写金额要紧靠"人民币(大写)"来书写。

(2)大写金额到元或角为止的，在元或角后面写"整"或"正"。比如"7元"，应写成"柒元整"；又如"2.60元"，应写成"贰元陆角整"。

(3)金额最高位是"1"的，在金额前面加写"壹"。比如"12.30元"，应写成"壹拾贰元叁角整"；又如"145 700.00元"，应写成"壹拾肆万伍仟柒佰元整"。

(4)金额中有一个"0"或连续有几个"0"的，只写一个"零"。比如"100 600.09元"，应写成"壹拾万零陆佰元零玖分"；又如"303 053.00元"，应写成"叁拾万零叁仟零伍拾叁元整"。

(5)在印有大写金额"元""角""分"的固定位置的原始凭证上书写大写金额时，金额前如有空位，应划"零"注销。比如"234.88元"，应写成人民币(大写)："零万零仟贰佰叁拾肆元捌角捌分"。金额中有"0"的部分(含分位)，应当写"零"。比如"200.60元"，应写成人民币(大写)："零万零仟贰佰零陆角零分"。

三、练习资料

新华工厂1月现金和银行存款收付业务的发生额的小写金额如下。

(1)0.09 元　　　　　　　　　(2)0.70 元
(3)0.87 元　　　　　　　　　(4)12.70 元
(5)63.00 元　　　　　　　　(6)120.99 元
(7)5 670.08 元　　　　　　(8)60 006.96 元
(9)123 000.70 元　　　　　(10)109 908.50 元

四、练习要求

根据上述资料，练习大写金额的书写。
(1)大写金额：＿＿＿＿＿＿＿　　(2)大写金额：＿＿＿＿＿＿＿
(3)大写金额：＿＿＿＿＿＿＿　　(4)大写金额：＿＿＿＿＿＿＿
(5)大写金额：＿＿＿＿＿＿＿　　(6)大写金额：＿＿＿＿＿＿＿
(7)大写金额：＿＿＿＿＿＿＿　　(8)大写金额：＿＿＿＿＿＿＿
(9)大写金额：＿＿＿＿＿＿＿　　(10)大写金额：＿＿＿＿＿＿＿

任务四　书写大写日期

一、练习目的

掌握大写日期的标准写法，做到书写规范、流畅。

二、大写日期的标准写法

根据银行规定，支票出票日期(支票存根除外)应当按照下列写法大写。
1. 年份，按阿拉伯数字的读法填写，如"贰零零零年""贰零壹玖年"。
2.1—9 月，在前面加写"零"，如"零壹月""零捌月"。
3.10 月，在前面加写"零壹"，写成"零壹拾月"。
4.11—12 月，在前面加写"壹"，如"壹拾壹月""壹拾贰月"。
5.1—9 日，在前面加写"零"，如"零壹日""零捌日"。
6.10 日，在前面加写"零壹"，写成"零壹拾日"。
7.11—19 日，在前面加写"壹"，如"壹拾壹日""壹拾贰日"。
8.20 日和 30 日，在前面加写"零"，如"零贰拾日""零叁拾日"。
9.21—29 日和 31 日，按实际读法填写，如"贰拾壹日""叁拾壹日"。

三、练习资料

新华工厂今年签发现金支票的日期的小写如下。
(1)1 月 5 日　　(2)4 月 10 日　　(3)6 月 25 日　　(4)10 月 18 日
(5)10 月 20 日　(6)11 月 27 日　(7)12 月 30 日　(8)12 月 31 日

四、练习要求

根据上述资料，练习在支票上写出票日期的大写。

(1)出票日期：＿＿＿＿＿＿年＿＿＿＿＿＿月＿＿＿＿＿＿日

(2)出票日期：＿＿＿＿＿＿年＿＿＿＿＿＿月＿＿＿＿＿＿日

(3)出票日期：＿＿＿＿＿＿年＿＿＿＿＿＿月＿＿＿＿＿＿日

(4)出票日期：＿＿＿＿＿＿年＿＿＿＿＿＿月＿＿＿＿＿＿日

(5)出票日期：＿＿＿＿＿＿年＿＿＿＿＿＿月＿＿＿＿＿＿日

(6)出票日期：＿＿＿＿＿＿年＿＿＿＿＿＿月＿＿＿＿＿＿日

(7)出票日期：＿＿＿＿＿＿年＿＿＿＿＿＿月＿＿＿＿＿＿日

(8)出票日期：＿＿＿＿＿＿年＿＿＿＿＿＿月＿＿＿＿＿＿日

第二部分　会计基础单项练习

项目一　填制与审核原始凭证

任务一　填制原始凭证

一、实验目的

练习并掌握各类原始凭证的填制。

二、实验要求

根据实验资料中的业务，填制有关原始凭证。

三、实验资料

新华工厂系增值税一般纳税人（开户银行：中国工商银行大营办事处，简称"大办"，账号：143258379，地址：浔市大营路 29 号，税务登记号：911110102630101234）。

该厂 2023 年 12 月发生如下经济业务。

业务 1　12 月 1 日，财务科出纳员刘莉开出现金支票 1 张，金额 1 000 元，从银行提取现金，以备零用。

要求：填写现金支票（现金支票存根留存作编制记账凭证的依据）。

（1）代出纳员填写现金支票（必须用碳素墨水写）。

（2）代会计主管审核支票，审核无误后在财务专用章的右侧和支票背面加盖会计主管名章。

（3）代出纳员按骑缝剪开支票，持支票去银行提取现金，存根则留作提取现金的记账依据。

中国工商银行
现金支票存根(赣)
№ 0002034

科　目＿＿＿＿＿＿＿
对方科目＿＿＿＿＿＿
出票日期　年　月　日

| 收款人： |
| 金　额： |
| 用　途： |

单位主管：　　会计：

本支票付款期限十天

中国工商银行　现金支票(赣)　　　№ 0002034

出票日期(大写)　　年　月　日　　　付款行名称：
收款人：　　　　　　　　　　　出票人账号：

人民币(大写)		千	百	十	万	千	百	十	元	角	分

用途＿＿＿＿＿＿＿　　　　科目(借)＿＿＿＿＿＿
上列款项请从我账户内支付　对方科目(贷)＿＿＿＿＿
出票人签章　　　　　　　　付讫日期　年　月　日
　　　　　　　　　　　　　出纳　　复核　　记账

贴对号单处

(现金支票背面)　　　　　　　**付款券别登记**　　(付款券别及数量、单位由银行填写)

数量＼券别＼单位	一百元	五拾元	二拾元	十元	五元	二元	一元	五角	二角	一角	五分	二分	一分	小计	收款人签章
捆(千张枚)															
把(百张枚)															
张(枚)															

业务2　12月1日，供销科王明峰去南京采购材料，经供销科长王露批准，向财务科借现金500元。

要求：填写差旅费借款单(复核人韩敏，财务科长王虎城)。

(1)代借款人填制差旅费借款单，并填写借款人姓名。

(2)代借款人单位负责人审批，并在差旅费借款单上签名。

(3)代会计主管审批，并在差旅费借款单上签名。

(4)代出纳员复核差旅费借款单，复核无误后签名并加盖现金付讫章，将借款单留作记账的依据。

差 旅 费 借 款 单
年　　月　　日　　　　　　　　　　　№001

借 款 人		借款单位		财务记账
借款事由		出差地点		
金　额	人民币(大写)：		¥＿＿＿＿＿	

会计主管：　　　　借款单位负责人：　　　　出纳：　　　　借款人：

业务3　12月2日，王明峰出差回来报销，将差旅费余款100元退回。

要求：代出纳员填制收据，并办理收款业务。

(1)点收现金。

(2)用蓝油笔和复写纸填写一式三联的收据。

(3)第一联作为存根，第二联交报销人存查，第三联作为收款单位记账的依据。

新华工厂收据

年 月 日 №001

交款人	
款项内容	
金额	人民币(大写) ¥

会计主管： 借款单位负责人： 出纳： 交款：

(二)收据

新华工厂收据

年 月 日 №001

交款人	
款项内容	
金额	人民币(大写) ¥

会计主管： 借款单位负责人： 出纳： 交款：

(三)收款单位记账

业务4 12月2日，经供销科长同意，采购员刘林准备持转账支票到市区劳动保护用品商店购买工作服，请款金额3 041元。

要求：代出纳员签发转账支票。

(1)代出纳员根据审批后的材料请款单填制转账支票，加盖财务专用章。

(2)代会计主管审核支票并加盖会计主管名章。

(3)代出纳员按骑缝剪开支票，把支票交给采购员，存根留作付款依据。

中国工商银行
转账支票存根(赣)
№ 0103072

科目

对方科目

出票日期 年 月 日

收款人：	
金额：	
用途：	
备注：	

单位主管： 会计：

本支票付款期限十天

中国工商银行 转账支票(赣) № 0103072

出票日期(大写) 年 月 日 付款行名称：

收款人： 出票人账号：

人民币(大写)	千	百	十	万	千	百	十	元	角	分

用途

上列款项请从我账户内支付

出票人签章

科目(借)

对方科目(贷)

转账日期 年 月 日

出纳 复核 记账

贴对号单处

业务5 12月4日，出纳员准备把销售产品收到的678元现金存入银行。

要求：代出纳员填制现金存款单，并办理存现业务。

(1)代出纳员套写一式二联的现金存款单。

(2)把现金存款单连同现金交予银行，带回加盖银行现金收讫章的现金存款单第一联(收款通知联)，留作存款的记账依据。

中国工商银行 **进 账 单**(收账通知)

　　　年　　月　　日　　　　　　　　**1**

收款人	全　称		付款人	全　称	
	账　号			账　号	
	开户银行			开户银行	

人民币(大写):		亿	千	百	十	万	千	百	十	元	角	分

票据种类	
票据张数	

单位主管:　　会计:　　复核:　　记账:	收款人开户银行盖章

收款人开户行给收款人的回单

中国工商银行 **进 账 单**(贷方凭证)

　　　年　　月　　日　　　　　　　　**2**

收款人	全　称		付款人	全　称	
	账　号			账　号	
	开户银行			开户银行	

人民币(大写):		亿	千	百	十	万	千	百	十	元	角	分

票据种类	
票据张数	

单位主管:　　会计:　　复核:　　记账:	收款人开户银行盖章

收款人开户行作贷方凭证

业务6　12月5日,本市光明工厂采购员持转账支票来厂购买甲产品66套,单价80元,增值税税率为13%。

光明工厂纳税登记号为91110114102000001X,地址为长虹街1号,电话号码为010-58641672,开户行为中国工商银行广办,账号为020065538888。

要求:代供销科开具发票,代出纳员办理收款手续,并办理转账存款手续。

(1)代供销科售货员套写一式三联的增值税专用发票。

(2)代出纳员办理收款手续。

(3)代出纳员填制进账单,并在支票背后背书。

第一联　记账联　销售方记账凭证

| 3600171130 | 江西省增值税专用发票 | № 03875476 |

此联不作报销、扣税凭证使用　　　　　开票日期：

购买方	名　　称： 纳税人识别号： 地址、电话： 开户行及账号：				密码区			
货物或应税劳务、服务名称	规格型号	单位	数量	单价	金额	税率	税额
合　计							
价税合计（大写）					（小写）		
销售方	名　　称： 纳税人识别号： 地址、电话： 开户行及账号：				备注			

收款人：　　　　复核：　　　　开票人：　　　　销售方（章）：

（右侧竖排）第一联　记账联　销售方记账凭证

第二联　抵扣联　购买方扣税凭证

| 3600171130 | 江西省增值税专用发票 | № 03875476 |

抵扣联　　　　　开票日期：

购买方	名　　称： 纳税人识别号： 地址、电话： 开户行及账号：				密码区			
货物或应税劳务、服务名称	规格型号	单位	数量	单价	金额	税率	税额
合　计							
价税合计（大写）					（小写）		
销售方	名　　称： 纳税人识别号： 地址、电话： 开户行及账号：				备注			

收款人：　　　　复核：　　　　开票人：　　　　销售方（章）：

（右侧竖排）第二联　抵扣联　购买方扣税凭证

第三联　发票联　购买方记账凭证

3600171130　　　　　**江西省增值税专用发票**　　　No 03875476
发票联　　　　　　　　开票日期：

购买方	名　　　称： 纳税人识别号： 地　址、电话： 开户行及账号：				密码区			
货物或应税劳务、服务名称	规格型号	单位	数量	单价	金额	税率	税额
合　　计							
价税合计（大写）						（小写）	
销售方	名　　　称： 纳税人识别号： 地　址、电话： 开户行及账号：				备注			

收款人：　　　　复核：　　　　开票人：　　　　销售方（章）：

第三联　发票联　购买方记账凭证

中国工商银行
转账支票存根（赣）
No 0203092

科　目 ＿＿＿＿＿
对方科目 ＿＿＿＿＿
出票日期　年　月　日

收款人：	
金　额：	
用　途：	
备　注：	

单位主管：　　会计：

本支票付款期限十天

中国工商银行　转账支票（赣）　　No 0203092

出票日期（大写）　年　月　日　　付款行名称：
收款人：　　　　　　　　　　出票人账号：

人民币
（大写）　　　　　　　　千百十万千百十元角分

用途 ＿＿＿＿＿
上列款项请从我账户内支付
出票人签章

科目（借）＿＿＿＿＿
对方科目（贷）＿＿＿＿＿
转账日期　年　月　日
出纳　复核　记账

贴对号单处

1. 收款人开户行给收款人的回单

中国工商银行 **进 账 单**（收账通知）

年　月　日　　　　　　　　　**1**

收款人	全　　称		付款人	全　　称											
	账　　号			账　　号											
	开户银行			开户银行											
人民币（大写）：					亿	千	百	十	万	千	百	十	元	角	分
票据种类															
票据张数															
单位主管：　　会计：　　复核：　　记账：				收款人开户银行盖章											

右侧竖排：收款人开户行给收款人的回单

2. 收款人开户行作贷方凭证

中国工商银行 **进 账 单**（贷方凭证）

年　月　日　　　　　　　　　**2**

收款人	全　　称		付款人	全　　称											
	账　　号			账　　号											
	开户银行			开户银行											
人民币（大写）：					亿	千	百	十	万	千	百	十	元	角	分
票据种类															
票据张数															
单位主管：　　会计：　　复核：　　记账：				收款人开户银行盖章											

右侧竖排：收款人开户行作贷方凭证

业务7　12月6日，经会计主管同意，以电汇方式偿还南昌市物资供应站账款12 080元。汇入行为中国工商行南昌市支行，账号为020002510210。

要求：代出纳员填制电汇凭证，并办理汇款业务。

(1)套写一式三联的电汇凭证。

(2)在第二联"汇出银行签章"处加盖财务专用章。

(3)代会计主管审核并在第二联财务专用章右侧加盖会计主管名章。

(4)把电汇凭证提交银行，带回加盖银行转讫章的第一联（回单），留作汇款依据。

中 国 工 商 银 行 电汇凭证(回单)   1

☐普通 ☐加急   委托日期   年   月   日

汇款人: 全称 / 账号 / 汇出地点
收款人: 全称 / 账号 / 汇入地点
汇出行名称   汇入行名称
人民币(大写):   千百十万千百十元角分
支付密码
附加信息及用途:
汇出银行签章   复核: 记账:

(右侧竖排:汇出行给汇款人的回单)

中 国 工 商 银 行 电汇凭证(借方凭证)   2

☐普通 ☐加急   委托日期   年   月   日

汇款人: 全称 / 账号 / 汇出地点
收款人: 全称 / 账号 / 汇入地点
汇出行名称   汇入行名称
人民币(大写):   千百十万千百十元角分
支付密码
附加信息及用途:
汇出银行签章   复核: 记账:

(右侧竖排:汇出行作借方凭证)

中 国 工 商 银 行 电汇凭证(付款依据)   3

☐普通 ☐加急   委托日期   年   月   日

汇款人: 全称 / 账号 / 汇出地点
收款人: 全称 / 账号 / 汇入地点
汇出行名称   汇入行名称
人民币(大写):   千百十万千百十元角分
支付密码
附加信息及用途:
汇出银行签章   复核: 记账:

(右侧竖排:汇出行办理转账付款的凭证)

业务8　12月7日，持有的1张商业承兑汇票到期，金额为 64 000 元。

商业承兑汇票是由收款人或付款人签发的，经付款人承兑并于汇票到期日向收款人支付款项的票据。收款人持有（以商业汇票结算方式赊销产品时从购货方取得）的商业承兑汇票到期，据以填写收款凭证，办理委托收款业务。

要求：代出纳员填制委托收款凭证，并办理委托收款业务。

（1）套写一式五联的委托收款凭证。

（2）代会计主管审核汇票和委托收款凭证，并在委托收款凭证第二联和汇票背面加盖会计主管名章。

（3）把汇票和委托收款凭证提交银行，带回加盖银行委托收款专用章的第一联（回单），留作委托依据。

商 业 承 兑 汇 票　　　汇票号码：2

出票日期：　年　月　日　　　　　　　第　号

收款人	全　称	新华工厂		付款人	全　称	青岛百货公司								
	账　号	143258379			账　号	24887799								
	开户银行	中国工商银行大营办事处	行号 25899		开户银行	中国工商银行大行分行	行号 56744							
汇票金额	人民币（大写）：陆万肆仟元整						十万	千	百	十	元	角	分
							¥6	4	0	0	0	0	0
汇票到期日（大写）				交易合同号码									
本汇票已经承兑，到期无条件付款。　　　　承兑人盖章													
负责人：　年　月　日				汇票签发人盖章									

1. 收款人开户行给收款人的回单

委邮　　　　　　委托收款凭证（回单）　1

委托日期　年　月　日　　委托号码：

付款人	全　称		收款人	全　称		收款人开户行给收款人的回单
	账号或地址			账　号		
	开户银行			开户银行		

千百十万千百十元角分

委收金额	人民币（大写）：
款项内容	委托收款凭据名称　　　附寄单证张数
备注：　款项收妥日期 年 月 日　收款人开户行盖章 年 月 日	

单位主管：　　会计：　　复核：　　记账：

2. 收款人开户行作贷方凭证

委邮　　　　　　　委托收款凭证（贷方凭证）　**2**

委托日期　　年　月　日　　　委托号码：

付款人	全　　称		收款人	全　　称	
	账号或地址			账　　号	
	开户银行			开户银行	

委收金额	人民币(大写)：						千	百	十	万	千	百	十	元	角	分

款项内容		委托收款凭据名称		附寄单证张数	

备注：	上列委托收款随附有关单证，请予收款。　　　　收款人签章	科目(贷) .... 对方科目(借) .... 转账　　年　月　日 复核：　　　记账：

收款人开户行作贷方凭证

单位主管：　会计：　复核：　记账：　　收款人开户行：　　收到日期：　年　月　日

3. 收款人开户行收妥款项后给收款人的收账通知

委邮　　　　　　　委托收款凭证（收账通知）　**3**　委托号码：

委托日期　　年　月　日　　　付款期限　　年　月　日

付款人	全　　称		收款人	全　　称	
	账号或地址			账　　号	
	开户银行			开户银行	

委收金额	人民币(大写)：						千	百	十	万	千	百	十	元	角	分

款项内容		委托收款凭据名称		附寄单证张数	

备注：	收款人开户行盖章
	年　月　日

收款人开户行收妥款项后给收款人的收账通知

单位主管：　会计：　复核：　记账：　　付款人开户行：　　收到日期：　年　月　日

4. 付款人开户行给付款人的付款通知

委邮

委托收款凭证（付款通知） **4** 委托号码：

委托日期 年 月 日　付款期限 年 月 日

付款人	全　称		收款人	全　称	
	账号或地址			账　号	
	开户银行			开户银行	

					千	百	十	万	千	百	十	元	角	分
委收金额	人民币（大写）：													

款项内容		委托收款凭据名称		附寄单证张数	

备注：　　　　　　　　　　　　　收款人开户行盖章

　　　　　　　　　　　　　　　　　　　　　　　年　月　日

单位主管：　会计：　复核：　记账：　　付款人开户行：　收到日期：　年　月　日

（竖排：付款人开户行给付款人的付款通知）

业务 9　　销售部门根据"006 号产品销售合同"，向异地客户发运甲产品一批。

要求：代出纳员根据发票和货票填制**托收承付凭证**，并办理托收业务。

第一联　　销货方记账联

第二联　　纳税抵扣联

第三联　　购货方发票联

3600171131　　　　　**江西省增值税专用发票**　　　№ 03875479

抵扣联　　　　　　　开票日期：

购买方	名　　　称：北京电机厂					密码区		
	纳税人识别号：91110114102000000X							
	地址、电话：朝阳区联大路 42 号 010-58806750							
	开户行及账号：中国工商银行朝阳分行 0200336309100004927X							

货物或应税劳务、服务名称	规格型号	单位	数量	单价	金额	税率	税额
甲产品		套	50	1 000.00	50 000.00	13％	6 500.00
合　计					50 000.00		6 500.00

价税合计（大写）	伍万陆仟伍佰元整	（小写）￥56 500.00

销售方	名　　　称：新华工厂	备注
	纳税人识别号：91111010102630101234	
	地址、电话：浔市大营路 29 号 0792-8260000	
	开户行及账号：中国工商银行大营办事处 143258379	

收款人：　　复核：　　开票人：　　销售方（章）：

（竖排：第二联 抵扣联 购买方扣税凭证）

第三联　发票联　购买方记账凭证

3600171131 　　　　　　　　　　江西省增值税专用发票 　　　　　　　　No 03875479
　　　　　　　　　　　　　　　　　　　发票联 　　　　　　　　　　　　　开票日期：

第三联　发票联　购买方记账凭证

购买方	名　　　　　称：北京电机厂						密码区		
	纳税人识别号：91110114102000000X								
	地址、电话：朝阳区联大路42号 010-58806750								
	开户行及账号：中国工商银行朝阳分行 020033630910004927X								

货物或应税劳务、服务名称	规格型号	单位	数量	单价	金额	税率	税额
甲产品		套	50	1 000.00	50 000.00	13%	6 500.00
合　　计					50 000.00		6 500.00

价税合计(大写)	伍万陆仟伍佰元整	(小写)￥56 500.00

销售方	名　　　　　称：新华工厂	备注
	纳税人识别号：911110102630101234	
	地址、电话：浔市大营路29号 0792-8260000	
	开户行及账号：中国工商银行大营办事处 143258379	

收款人：　　　　　　复核：　　　　　　开票人：　　　　　　销售方(章)：

托运人报销凭证

浔市铁路局 **货票**

丙联　承运及收款凭证：发站——托运人 　　　　运输号No

发站	浔市	到站	北京	车种车号	C123	施封号		运价里程	1 000千米
托运人	名　称		新华工厂			收货人	名　称		北京电机厂
	地址、电话		浔市大营路29号 0792-8260000				地址、电话		朝阳区联大路42号 010-58806750

货物名称	件数	包装	货物重量(千克)		计费重量	运价率	现付费用	
			托运人确认	承运人确认			费　别	金　额
甲产品	5	5	6 000	6 000	6 000	0.5	运费	3 000
							过秤费	100
							装车费	500
							其他	200
							合　计	3 800

托运人报销凭证

经办人(名章)：　　　　发站承运日期：　　年　月　日 　　　浔市铁路局运费结算专用章

1. 收款人开户行给收款人的回单

邮

中国工商银行**托收承付凭证**（回单）　**1**

托收日期　　年　月　日　　托收号码：

付款人	全　　称		收款人	全　　称	
	账号或地址			账号或地址	
	开 户 银 行			开 户 银 行	

托收金额	人民币（大写）：	千 百 十 万 千 百 十 元 角 分

附件张数		商品发运情况		合同名称号码	

备注：	款项收妥日期　　　　　年　　月　　日	收款人开户行盖章　　　　　年　　月　　日

收款人开户行给收款人的回单

单位主管：　　　　会计：　　　　　复核：　　　　　记账：

2. 收款人开户行作贷方凭证

邮

中国工商银行**托收承付凭证**（贷方凭证）　**2**

托收日期　　年　月　日　　托收号码：

付款人	全　　称		收款人	全　　称	
	账号或地址			账号或地址	
	开 户 银 行			开 户 银 行	

托收金额	人民币（大写）：	千 百 十 万 千 百 十 元 角 分

附件张数		商品发运情况		合同名称号码	

备注：	上列款项已随附有关单证，请予办理托收。	科目（贷）_____ 对方科目（借）_____
收款人开户行收到日期：　年　月　日	收款人签章	转账　　　年　月　日 复核：　　　记账：

收款人开户行作贷方凭证

3. 收款人开户行收妥款项后给收款人的收账通知

| 邮 | | 中国工商银行**托收承付凭证**(收账通知)　**3**　托收号码： |

托收日期　　年　月　日

承　付　期　限			
到期　　年　　月　　日			

付款人	全　　称		收款人	全　　称		
	账号或地址			账号或地址		
	开户银行			开户银行		

托收金额	人民币(大写)：		千	百	十	万	千	百	十	元	角	分

附件张数		商品发运情况		合同名称号码	

备注：	上列款项已由付款人开户行全额划回并收入你方账户内。 　　　　此　致 收款人开户行盖章 　　年　月　日	科目 .... 对方科目 .... 转账　　年　月　日 单位主管：　　会计： 复核：　　记账：
收款人开户行收到日期： 　　年　月　日		

收款人开户行收妥款项后给收款人的收账通知

4. 付款人开户行给付款人的承付(支款)通知

| 邮 | | 中国工商银行**托收承付凭证**(承付)支款通知　**4**　托收号码： |

托收日期　　年　月　日

承　付　期　限			
到期　　年　　月　　日			

付款人	全　　称		收款人	全　　称		
	账号或地址			账号或地址		
	开户银行			开户银行		

托收金额	人民币(大写)：		千	百	十	万	千	百	十	元	角	分

附件张数		商品发运情况		合同名称号码	

备注：	付款人注意： 1. 根据结算办法，上列托收款项，在承付期限内未拒时，即视同全部承付。如系全额支付，即以此联代支款通知；如遇延付或部分支付，再由银行另送延付或部分支付的支款通知。 2. 如需提前承付或多承付，应另写书面通知送银行办理。 3. 如系全部或部分拒付，应在承付期限内另填拒付理由书送银行办理。

单位主管：　　会计：　　复核：　　记账：　　付款人开户行盖章　年　月　日

付款人开户行给付款人的承付(支款)通知

业务 10 12 月 7 日，采购员高发根据发票填制收料单，并办理材料入库手续。

要求：

(1)代采购员根据发票套写一式二联的收料单。

(2)代仓库保管员王林填写实收数量(如数入库)，并在"保管"处签保管员名，据以登记原材料明细账的收入数量，把收料单第二联送交仓库。

(3)代材料会计王淳审核收料单，经审核无误后填写单价，并在"核算"处签名，留作入库依据。

3600171133   **江西省增值税专用发票**   № 03875478

发票联   开票日期：2023 年 12 月 7 日

购买方	名 称：新华工厂 纳税人识别号：911110102630101234 地 址、电 话：浔市大营路 29 号 0792-8260000 开户行及账号：中国工商银行大营办事处 143258379					密码区		
货物或应税劳务、服务名称	规格型号	单位	数量	单价	金额	税率	税额
工作服		套	50	200.00	10 000.00	13%	1 300.00
合 计					10 000.00		1 300.00
价税合计(大写)	壹万壹仟叁佰元整				(小写)¥11 300.00		
销售方	名 称：浔城公司 纳税人识别号：911111010123458920 地 址、电 话：浔市大营路 88 号 0792-8262585 开户行及账号：中国工商银行海城分行 258379					备注		

收款人：   复核：   开票人：   销售方(章)：

第三联 发票联 购买方记账凭证

1. 存根联

收 料 单

发票号：   年 月 日   №

供应单位		材料类别及编号					
材料名称及规格	计量单位	数量		实际成本			
		发票	实收	发票价格	运杂费	合计	单价

(一)存根联

核算：   保管：   检验：   交库：

2. 记账联

收　料　单

发票号：　　　　　　　　　　　　年　月　日　　　　　　　　　№

供应单位				材料类别及编号				（二）记账联
材料名称及规格	计量单位	数量		实际成本				
		发票	实收	发票价格	运杂费	合计	单价	

核算：　　　　　　保管：　　　　　　检验：　　　　　　交库：

业务 11　铸造车间材料员填制领料单，代领料人尤来宗到仓库领工作服 20 套，每套单价为 50 元，仓库实发 20 套。

要求：

(1)代领料人尤来宗套写一式二联的领料单，交给领料人签名。其中，"用途"为劳动保护用品，"材料类别"为低值易耗品，"实发数"和"金额"不用填写。

(2)代车间负责人于洋审批签名。材料员持领料单第二联去仓库领料。

(3)代仓库保管员王林填写"实发数"，签发料人名，据以登记原材料明细账的发出数量。

(4)代材料会计王淳填写"单价"和"金额"，并签核算员名，留作发料依据。

1. 存根联

领　料　单

领料单位：　　　　　　　　　年　月　日　　　　　　　编号：

用途			材料类别			（一）存根联
材料名称及规格	单位	请领数	实发数	单价	金额	

领料单位负责人：　　　　核算：　　　　发料：　　　　领料：

2. 记账联

领　料　单

领料单位：　　　　　　　　　年　月　日　　　　　　　编号：

用途			材料类别			（二）记账联
材料名称及规格	单位	请领数	实发数	单价	金额	

领料单位负责人：　　　　核算：　　　　发料：　　　　领料：

业务 12　12 月 8 日，经生产计划科科长白银河和供销科科长王露审批，签发第 001 号限额领料单。

"领料单位"为冷加工车间，"用途"为生产甲产品，"计划产量"为 2 000 套。"单位消耗定额"为 0.02 吨，"材料单价"为 1 000 元，"材料名称"为 A 材料，"本月领用限额"为 50 吨。

材料员黄洪经过车间负责人审批，2 日请领 15 吨，实领 15 吨；12 日请领 15 吨，实领 15 吨；22 日请领 20 吨，实领 20 吨。以上均由仓库保管员白名发料。

要求：

(1)代有关人员签发限额领料单。

(2)代有关人员办理领发料手续。

(3)代材料会计王淳结出本月实领数量和金额。

限 额 领 料 单

领料单位：　　　　　　　　　　　年　　月　　日　　　　　　第 001 号

用　　途：　　　　　　　　　　　　　　　　　　　　　　　单位消耗定额：

计划产量：　　　　　　　　　　　　　　　　　　　　　　　材料单价：

材料名称	单 位	本月领用限额	本月实领	
			数　量	金　额
领料日期	请领数	实发数	结余数	领料人	车间负责人	发料人
合　计						

(二)交车间领料

生产计划部门负责人：　　　　　供销部门负责人：　　　　　材料核算员：

业务 13　12 月 31 日，根据本月发料凭证(共 5 张)，汇总本月发出材料。代材料会计王淳编制发料凭证汇总表。

第 001 号限额领料单，见业务 12。

第 002 号限额领料单，生产乙产品领用 A 材料，金额为 3 000 元。

第 003 号限额领料单，甲车间领用工作服，金额为 600 元。

第 004 号限额领料单，乙车间领老虎钳，金额为 100 元。

第 005 号限额领料单，厂部领用工作服，金额为 1 000 元。

发料凭证汇总表

年　　月　　日　　　　　　　　　　　　　　　　　　单位：元

应借账户		应贷账户：原材料				
		原料及主要材料	辅助材料	燃　料	低值易耗品	合　计
生产成本	甲产品					
	乙产品					
制造费用						
管理费用						
其他业务支出						
合　计						

复核：　　　　　　　　　　　　　　　编制：

业务 14   12 月 31 日，按照生产工人工资比例分配本月发生的制造费用 7 200 元。代会计人员袁文洁编制**制造费用分配表**。

分配对象：(各种产品)甲产品、乙产品。

分配标准：(按照生产工人工资比例)甲、乙两种产品生产工人工资分别为 1 200 元和 6 000 元。

要求：

(1)逐行填写"分配对象"和相应的"分配标准"。

(2)在"合计"行计算填写分配标准合计，填写分配额(本月发生的制造费用)，并在此行计算填写分配率(分配率＝分配额÷分配标准合计)。

(3)计算各种产品应分配的制造费用(分配标准×分配率)，分别填写在"分配额"栏。

(4)填写编表车间和编表日期，并签编制人名。

制 造 费 用 分 配 表

车间：　　　　　　　　　　　年　　月　　日

分配对象	分配标准	分配率	分配额
合　　计			

复核：　　　　　　　　　　　　　　　编制：

任务二　审核原始凭证

一、实验目的

练习并掌握各类原始凭证的审核要点。

二、实验资料

新华工厂 2023 年 12 月发生上述原始凭证(任务一的原始凭证)。

三、原始凭证的审核要点

1. 借款单

借款单的审核要点：①主要借款事项和借款金额是否合理；②大小写金额是否相符；③借款人、借款单位负责人和财务部门负责人是否签名。

2. 收据

收据的审核要点：①大小写金额是否相符；②交款人和出纳员是否签名；③是否盖有现金收讫章。

3. 支票

支票的审核要点：①种类是否正确；②是否用碳素墨水填写；③填写是否完整；④收款人是否正确；⑤用途是否合理、合法；⑥大小写金额是否相符；⑦有无不按照规定更改的情况；⑧存根内容是否与支票一致；⑨是否盖有<u>财务专用章</u>和<u>会计主管名章</u>。

用于提取现金的现金支票，还应审核支票背面是否盖有<u>财务专用章</u>和<u>会计主管名章</u>。

对于外来支票，还应该审核有效付款日期。支票（包括现金支票和转账支票）的有效付款期限为 10 天，从签发之日起计算，到期日遇节假日顺延。

4. 现金存款单

现金存款单的审核要点：①收款人及其账号和开户行是否正确；②大小写金额是否相符；③券别及其张数和金额是否正确。

5. 进账单

进账单的审核要点：①付款人及其账号和开户行是否与外来支票等债权证明相符；②收款人及其账号和开户行是否正确；③大小写金额是否相符。

6. 电汇凭证和电子汇兑凭证

电汇凭证和电子汇兑凭证的审核要点：①汇款人和收款人及其账号和开户行是否正确；②汇款用途是否合理、合法，大小写金额是否相符；③第二联上是否盖有<u>财务专用章</u>和<u>会计主管名章</u>。

7. 委托收款凭证和托收承付凭证

委托收款凭证和托收承付凭证的审核要点：①付款人和收款人及其账号和开户行是否正确；②款项内容是否与委收或托收凭据内容相符；③附寄单证张数是否与实际张数相符；④第二联上是否盖有<u>财务专用章</u>和<u>会计主管名章</u>。

8. 发票

发票的审核要点：①是否为正规发票；②购货单位和销货单位名称是否正确；③所购商品及其数量和单价是否符合审批情况；④金额和税额的计算是否正确；⑤大小写金额是否相符；⑥是否盖有销货单位<u>财务专用章</u>。

9. 收料单

收料单的审核要点：①材料的交库人和保管员是否签名；②发票数量和实际收到的数量是否一致，如果发现不一致，应该查明原因。

10. 领料单

领料单的审核要点：①领料人、领料单位负责人是否签名；②材料的用途及实发数量是否合理。

11. 限额领料单

限额领料单的审核要点：①审批人是否签名；②单位消耗定额是否准确，限额计算是否正确；③每次领料记录是否齐全；④本月实领数量和金额计算是否正确。

12. 发料凭证汇总表

发料凭证汇总表的审核要点：材料的用途、类别和金额是否正确。

13. 制造费用分配表

制造费用分配表的审核要点：①分配标准和应分配制造费用的填写是否正确；②分配率和分配额的计算是否正确。

项目二　填制与审核记账凭证

任务一　填制记账凭证

一、实验目的

掌握记账凭证的填制方法。

二、实验资料

新华工厂 2024 年 1 月发生的经济业务(本实验所附原始凭证及会计分录)。

三、实验要求

根据原始凭证，填制收款凭证、付款凭证和转账凭证。

提示：记账凭证和各种账簿，必须用蓝黑或碳素墨水书写；现金与银行存款之间相互划转的经济业务，一律填制付款凭证。自备 5 张收款凭证、7 张付款凭证和 12 张转账凭证。

四、记账凭证的填制程序和方法

1. 填写"摘要"栏

记账凭证的"摘要"栏既是对经济业务的简要说明，又是登记账簿的重要依据。必须针对不同性质的经济业务的特点，考虑登记账簿的需要，正确填写，不可漏填或错填。

2. 编制会计分录

按照会计制度统一规定的会计科目，根据经济业务的性质，编制会计分录，填入"借方科目"栏和"贷方科目"栏。

"二级或明细科目"是指一级科目所属的二级或明细科目。不需要进行明细核算的一级科目，可以不填"二级或明细科目"栏。

3. 登记"金额"栏

"金额"栏登记的金额应和"借方科目"或"贷方科目"相对应，或与"一级科目""二级或明细科目"分别对应。

4. "过账符号"栏

"过账符号"栏是在根据该记账凭证登记有关账簿后，在该栏注明所记账簿的页数或标"√"，表示已经登记入账，避免重记、漏记。在没有登记入账之前，该栏没有记录。

5. "凭证编号"栏

记账凭证在 1 个月内应当连续编号，以便查核。收款凭证、付款凭证和转账凭证分别编号；收款凭证和付款凭证还要根据收付的现金或银行存款分别编号，如"银收第×号""现付第×号""转字第×号"。

一笔经济业务，需要编制多张记账凭证时，可采用分数编号法。例如，一笔经济业务需要编制 2 张转账凭证，凭证的顺序号为 16 时，可编"转字第 $16\frac{1}{2}$ 号"和"转字第 $16\frac{2}{2}$ 号"。前面的整数表示业务顺序，后面的分子表示 2 张中的第一张或第二张，分母表示编制的张数。

6. 记账凭证的日期

收款凭证和付款凭证应按货币资金收付的日期填写；转账凭证原则上应按收到原始凭证的日期填写，也可按填制转账凭证的日期填写。

7. "附件×张"

记账凭证右边"附件×张"是指该记账凭证所附的原始凭证的张数，在凭证上必须注明，以便查核。当根据同一原始凭证填制数张记账凭证时，应在未附原始凭证的记账凭证上注明"附件×张，见第×号记账凭证"。当原始凭证需要另行保管时，应在"附件"栏目内加以注明。

8. "应借科目"或"应贷科目"

收款凭证或付款凭证左上方的"应借科目"或"应贷科目"，只能是"库存现金"或"银行存款"，不能是其他会计科目。凭证中的"应贷科目"或"应借科目"，是与"现金"或"银行存款"分别对应的科目。

9. 其他注意事项

记账凭证填写完毕，应进行复核与检查，并按所使用的记账方法进行试算平衡，有关人员均要签名盖章。出纳人员在根据收款凭证收款或根据付款凭证付款时，要在凭证上加盖收讫或付讫的戳记，以免重收或重付，防止差错。

五、业务练习

业务 1　1 月 2 日收到账款。

委邮	中国工商银行**贷方补充报单**(收款通知或取款收据)　**3**　委托号码：011

委托日期 2024 年 1 月 2 日　　　　　　　　付款期限 2024 年 1 月 2 日

付款人	全　称	长江公司	收款人	全　称	新华工厂
	账号或地址	1989336		账　号	143258379
	开户银行	东城西河分理处		开户银行	大营办事处

委收金额	人民币(大写)：贰仟叁佰元整	千 百 十 万 千 百 十 元 角 分
		¥ 2 3 0 0 0 0

款项内容		委托收款凭据名称		附寄单证张数	
备注：		收款人开户行盖章			
				2024 年 1 月 2 日	

（三）收款人开户行收妥款后给收款人的通知

单位主管：　会计：　复核：　记账：　　收款人开户行收到日期：2024 年 1 月 2 日

业务 2　1 月 2 日，将销售乙产品收到的 375 元现金存入银行。

中国工商银行 **进 账 单**(收账通知)

2024 年 1 月 2 日　　　　　　　　　　　**1**

收款人	全　称	新华工厂	付款人	全　称	新华工厂
	账　号	143258379		账　号	143258379
	开户银行	中国工商银行大营办事处		开户银行	中国工商银行大营办事处

人民币(大写)：叁佰柒拾伍元整	亿 千 百 十 万 千 百 十 元 角 分
	¥ 3 7 5 0 0

票据种类：	
票据张数：	
单位主管：　会计：　复核：　记账：	收款人开户银行盖章

收款人开户行给收款人的回单

业务 3　　以银行存款还账款。

中国工商银行
转账支票存根（赣）
No 0009688

科　　目＿＿＿＿＿＿＿
对方科目＿＿＿＿＿＿＿
出票日期 2024 年 1 月 2 日

| 收款人：A 公司 |
| 金　额：1 640.00 元 |
| 用　途：还账款 |
| 备　注： |

单位主管：　　会计：

本支票付款期限十天

中国工商银行　转账支票(赣)　　No 0009688

出票日期 贰零贰肆年零壹月零贰日　　付款行名称：大营办事处
收款人：A 公司　　出票人账号：143258379

| 人民币（大写） | 壹仟陆佰肆拾元整 | 千 | 百 | 十 | 万 | 千 | 百 | 十 | 元 | 角 | 分 |
| | | | | | ¥ | 1 | 6 | 4 | 0 | 0 | 0 |

用途　还账款
上列款项请从我账户内支付
出票人签章

科目(借)＿＿＿＿＿
对方科目(贷)＿＿＿＿＿
转账日期　年　月　日
出纳　复核　记账

贴对号单处

业务 4　　以银行存款支付料款。

4-1

中国工商银行
转账支票存根（赣）
No 0009699

科　　目＿＿＿＿＿＿＿
对方科目＿＿＿＿＿＿＿
出票日期 2024 年 1 月 2 日

| 收款人：B 公司 |
| 金　额：8 475.00 元 |
| 用　途：购买甲材料 |
| 备　注： |

单位主管：　　会计：

本支票付款期限十天

中国工商银行　转账支票(赣)　　No 0009699

出票日期 贰零贰肆年零壹月零贰日　　付款行名称：大营办事处
收款人：B 公司　　出票人账号：143258379

| 人民币（大写） | 捌仟肆佰柒拾伍元整 | 千 | 百 | 十 | 万 | 千 | 百 | 十 | 元 | 角 | 分 |
| | | | | | ¥ | 8 | 4 | 7 | 5 | 0 | 0 |

用途　购买甲材料
上列款项请从我账户内支付
出票人签章

科目(借)＿＿＿＿＿
对方科目(贷)＿＿＿＿＿
转账日期　年　月　日
出纳　复核　记账

贴对号单处

4-2

3600171136

江西省增值税专用发票
抵扣联

No 03875477
开票日期：2024 年 1 月 2 日

| 购买方 | 名　　称：新华工厂
纳税人识别号：911110102630101234
地址、电话：浔市大营路 29 号 0792-8260000
开户行及账号：中国工商银行大营办事处 143258379 | 密码区 | |

货物或应税劳务、服务名称	规格型号	单位	数量	单价	金额	税率	税额
甲材料		吨	5	1 500.00	7 500.00	13%	975.00
合　　计					7 500.00		975.00

| 价税合计（大写） | 捌仟肆佰柒拾伍元整 | （小写）¥8 475.00 |

| 销售方 | 名　　称：B 公司
纳税人识别号：911110102630101333
地址、电话：长安街 26 号 0793-52106888
开户行及账号：中国工商银行建北支行 338899 | 备注 | |

收款人：　　复核：　　开票人：　　销售方(章)：

第二联　抵扣联　购买方扣税凭证

4-3

3600171136

江西省增值税专用发票

发票联

№ 03875477

开票日期：2024 年 1 月 2 日

购买方	名　　　称：新华工厂 纳税人识别号：911110102630101234 地址、电话：浔市大营路 29 号 0792-8260000 开户行及账号：中国工商银行大营办事处 143258379				密码区			

货物或应税劳务、服务名称	规格型号	单位	数量	单价	金额	税率	税额
甲材料		吨	5	1 500.00	7 500.00	13%	975.00
合　　计					7 500.00		975.00

价税合计（大写）	捌仟肆佰柒拾伍元整	（小写）¥8 475.00

销售方	名　　　称：B 公司 纳税人识别号：911110102630101333 地址、电话：长安街 26 号 0793-52106888 开户行及账号：中国工商银行建北支行 338899	备注

收款人：　　　　　复核：　　　　　开票人：　　　　　销售方（章）：

第三联　发票联　购买方记账凭证

业务 5　收到现金。

新华厂收据

2024 年 1 月 2 日

№ 001

交　款　人	王力
款项内容	归还预借差旅费余款
金　　额	人民币（大写）：叁拾元整　　　　　　　　¥30.00

会计主管：　　　　　借款单位负责人：　　　　　出纳：　　　　　交款：

（二）收款单位记账

业务 6　结转入库材料成本。

收　料　单

发票号：005　　　　　　　　　2024 年 1 月 2 日　　　　　　　　　№ 002

供应单位		C 公司		材料类别及编号			略
材料名称及规格	计量单位	数量		实际成本			
		发票	实收	发票价格	运杂费	合计	单价
甲材料	吨	5	5	7 500		7 500	1 500

核算：　　　　　保管：　　　　　检验：　　　　　交库：

（二）记账联

业务7 付现金。

差 旅 费 借 款 单

2024 年 1 月 2 日 №0011

借 款 人	齐名	借款单位	供应科
借款事由	采购材料	出差地点	天津
金 额	人民币（大写）：肆佰元整		￥400.00

财务记账

会计主管： 借款单位负责人： 出纳： 借款人：

业务8 1 月 2 日，一车间领料。

8-1

领 料 单

领料单位：一车间 2024 年 1 月 2 日 编号：0001

用途	生产甲产品		材料类别		略
材料名称及规格	单位	请领数	实发数	单价	金额
甲材料	吨	6.5	6.5	1 500	9 750

（二）记账联

领料单位负责人： 核算： 发料： 领料：

8-2

领 料 单

领料单位：一车间 2024 年 1 月 2 日 编号：0002

用途	生产甲产品		材料类别		略
材料名称及规格	单位	请领数	实发数	单价	金额
乙材料	吨	2	2	300	600

（二）记账联

领料单位负责人： 核算： 发料： 领料：

业务9 1 月 14 日，赵岩石交回预借差旅费余款。

新 华 工 厂 收 据

2024 年 1 月 14 日 №002

交 款 人	赵岩石	
款项内容	归还预借差旅费余款	
金 额	人民币（大写）：贰拾元整	￥20.00

（二）收款单位记账

会计主管： 借款单位负责人： 出纳： 交款：

业务 10　从银行提取现金 500 元，作备用金。

中国工商银行
现金支票存根（赣）
No 0002044

科　　目＿＿＿＿＿＿＿
对方科目＿＿＿＿＿＿＿
出票日期 2024 年 1 月 14 日

| 收款人：新华工厂 |
| 金　额：500.00 元 |
| 用　途：备用金 |

单位主管：　　会计：

本支票付款期限十天

🉑 中国工商银行　现金支票（赣）　　No 0002044

出票日期（大写）：贰零贰肆年零壹月壹拾肆日　　付款行名称：
收款人：新华工厂　　　　　　　　　　　出票人账号：20412436571

| 人民币（大写） | 伍佰元整 | 千 | 百 | 十 | 万 | 千 | 百 | 十 | 元 | 角 | 分 |
| | | | | | | ¥ | 5 | 0 | 0 | 0 | 0 |

用途　　备用金
上列款项请从我账户内支付
出票人签章

科目（借）＿＿＿＿＿
对方科目（贷）＿＿＿＿＿
付讫日期　年　月　日
出纳　　复核　　记账

贴对号单处　　　　No 0002044

业务 11　1 月 14 日，开出银行转账支票，用以还 M 公司账款。

中国工商银行
转账支票存根（赣）
No 0009700

科　　目＿＿＿＿＿＿＿
对方科目＿＿＿＿＿＿＿
出票日期　2024 年 1 月 14 日

| 收款人：M 公司 |
| 金　额：1 400.00 元 |
| 用　途：还账款 |
| 备　注： |

单位主管：　　会计：

本支票付款期限十天

🉑 中国工商银行　转账支票（赣）　　No 0009700

出票日期（大写）：贰零贰肆年零壹月壹拾肆日　　付款行名称：大营办事处
收款人：M 公司　　　　　　　　　　　出票人账号：143258379

| 人民币（大写） | 壹仟肆佰元整 | 千 | 百 | 十 | 万 | 千 | 百 | 十 | 元 | 角 | 分 |
| | | | | | | ¥ | 1 | 4 | 0 | 0 | 0 | 0 |

用途　　还账款
上列款项请从我账户内支付
出票人签章

科目（借）＿＿＿＿＿
对方科目（贷）＿＿＿＿＿
转账日期　年　月　日
出纳　　复核　　记账

贴对号单处　　　　No 0009700

业务 12　1 月 14 日，李利借差旅费。

差 旅 费 借 款 单

2024 年 1 月 14 日　　　　　No 0012

借款人	李利	借款单位	计划科
借款事由	开计划会	出差地点	南昌
金　额	人民币（大写）：壹佰伍拾元整		¥150.00

财务记账

会计主管：　　　借款单位负责人：　　　出纳：　　　借款人：

业务 13　1 月 26 日收到账款。

中国工商银行**贷方补充报单**（收款通知或取款收据）　**3**　委托号码：012

委托日期　2024 年 1 月 26 日　　　　付款期限 2024 年 1 月 26 日

付款人	全　　称	绥化公司	收款人	全　　称	新华工厂
	账号或地址	1889666		账　　号	143258379
	开户银行	东城西河分理处		开户银行	大营办事处

委收金额	人民币（大写）：陆佰元整	千	百	十	万	千	百	十	元	角	分
						¥	6	0	0	0	0

款项内容	还账款	委托收款凭据名称		附寄单证张数	
备注：			收款人开户行盖章		
				年　　月　　日	

单位主管：　会计：　复核：　记账：　收款人开户行收到日期：2024 年 1 月 26 日

收款开户行收妥款后给收款人通知

业务 14　1 月 26 日，向 M 公司赊购材料。

3600171139　　　　　　　　**江西省增值税专用发票**　　　　№ 03875479

发 票 联　　　　开票日期：2024 年 1 月 26 日

购买方	名　　　称：新华工厂 纳税人识别号：911110102630101234 地址、电话：浔市大营路 29 号 0792-8260000 开户行及账号：中国工商银行大营办事处 143258379	密码区

货物或应税劳务、服务名称	规格型号	单位	数量	单价	金　额	税率	税额
甲材料		吨	3	1 500.00	4 500.00	13%	585.00
乙材料		吨	4	300.00	1 200.00	13%	156.00
合　　计					5 700.00		741.00

价税合计（大写）	陆仟肆佰肆拾壹元整	（小写）¥6 441.00

销售方	名　　　称：M 公司 纳税人识别号：911110102630101334 地址、电话：西街道 22 号 0795-82355112 开户行及账号：中国工商银行南直路支行 6678001	备注

收款人：　　　复核：　　　开票人：　　　　　销售方（章）：

第三联　发票联　购买方记账凭证

业务 15　1 月 26 日，结转甲、乙材料采购成本。

15-1

收　料　单

发票号：　　　　　　　　　2024 年 1 月 26 日　　　　　　　**№ 003**

供应单位		M 公司		材料类别及编号		略
材料名称 及规格	计量 单位	数量		实际成本			
		发票	实收	发票价格	运杂费	合计	单价
甲材料	吨	3	3	4 500		4 500	1 500

核算：　　　　保管：　　　　检验：　　　　交库：

（二）记账联

15-2

收　料　单

发票号：　　　　　　　　　2024 年 1 月 26 日　　　　　　　**№ 004**

供应单位		M 公司		材料类别及编号		略
材料名称 及规格	计量 单位	数量		实际成本			
		发票	实收	发票价格	运杂费	合计	单价
乙材料	吨	4	4	1 200		1 200	300

核算：　　　　保管：　　　　检验：　　　　交库：

（二）记账联

业务 16　1 月 26 日，销售甲产品一批。

16-1

中国工商银行 进 账 单（收账通知）　　　　**1**

2024 年 1 月 26 日

收款人	全　称	新华工厂	付款人	全　称	N 公司											
	账　号	143258379		账　号	777555										
	开户银行	大营办事处		开户银行	西街道办事处										
人民币（大写）：陆万叁仟贰佰捌拾元整						亿	千	百	十	万	千	百	十	元	角	分
								¥	6	3	2	8	0	0	0
票据种类：转账支票															
票据张数：1															
单位主管：　会计：　复核：　记账：					收款人开户银行盖章										

收款人开户行给收款人的回单

16-2

3600171140	江西省增值税专用发票						№ 03875480		

此联不作报销、扣税凭证使用　　开票日期：2024 年 1 月 26 日

购买方	名　　称：N 公司 纳税人识别号：91110666999123560X 地　址、电话：东直南路 30 号 0791-82623345 开户行及账号：中国工商银行东直南路支行 777555					密码区			
货物或应税劳务、服务名称	规格型号	单位	数量	单价	金额	税率	税额		
甲产品		套	800	70.00	56 000.00	13%	7 280.00		
合　计					56 000.00		7 280.00		
价税合计（大写）　　陆万叁仟贰佰捌拾元整					（小写）￥63 280.00				
销售方	名　　称：新华工厂 纳税人识别号：9111110102630101234 地　址、电话：浔市大营路 29 号 0792-8260000 开户行及账号：中国工商银行大营办事处 143258379					备注			

第一联　记账联　销售方记账凭证

收款人：　　　　复核：　　　　开票人：　　　　销售方（章）：

业务 17　1 月 30 日，向松树公司赊购乙材料。

3600171161	江西省增值税专用发票						№ 03875490		

发票联　　开票日期：2024 年 1 月 30 日

购买方	名　　称：新华工厂 纳税人识别号：9111110102630101234 地　址、电话：浔市大营路 29 号 0792-8260000 开户行及账号：中国工商银行大营办事处 143258379					密码区			
货物或应税劳务、服务名称	规格型号	单位	数量	单价	金额	税率	税额		
乙材料		吨	3	300.00	900.00	13%	117.00		
合　计					900.00		117.00		
价税合计（大写）　　壹仟零壹拾柒元整					（小写）￥1 017.00				
销售方	名　　称：松树公司 纳税人识别号：9111110102630101335 地　址、电话：西街道 28 号 0796-82254111 开户行及账号：中国工商银行西街道支行 6678111					备注			

第三联　发票联　购买方记账凭证

收款人：　　　　复核：　　　　开票人：　　　　销售方（章）：

业务 18 1月30日，结转乙材料入库。

收 料 单

发票号：　　　　　　　　　　　2024 年 1 月 30 日　　　　　　　　**№ 005**

（二）记账联

供应单位		S公司			材料类别及编号		略
材料名称及规格	计量单位	数量		实际成本			
		发票	实收	发票价格	运杂费	合计	单价
乙材料	吨	3	3	900		900	300

核算：　　　　　　保管：　　　　　　检验：　　　　　　交库：

业务 19 1月30日，向 D 公司赊销甲产品。

3600171141　　　　　　　**江西省增值税专用发票**　　　　　　**№ 03875481**

此联不作报销、扣税凭证使用　　开票日期：2024 年 1 月 30 日

第一联 记账联 销售方记账凭证

购买方	名　　　　称：D公司 纳税人识别号：911133445523010618 地 址 、电 话：建成街 41 号 0792-68214466 开户行及账号：中国工商银行海淀上地分行 667788					密码区		
货物或应税劳务、服务名称	规格型号	单位	数量	单价	金额	税率	税额	
甲产品		套	110	70.00	7 700.00	13%	1 001.00	
合　　计					7 700.00		1 001.00	
价税合计（大写）　捌仟柒佰零壹元整				（小写）¥8 701.00				
销售方	名　　　　称：新华工厂 纳税人识别号：911110102630101234 地 址 、电 话：浔市大营路 29 号 0792-8260000 开户行及账号：中国工商银行大营办事处 143258379					备注		

收款人：　　　　　复核：　　　　　开票人：　　　　　销售方（章）：

业务 20 1月31日，结转产品销售成本 36 400 元。

业务 21 1月31日，计算应交城建税 318.50 元。

业务 22 1月31日，结转本月"主营业务收入"账户余额至"本年利润"账户。

业务 23 1月31日，结转本月"主营业务成本"和"税金及附加"账户余额至"本年利润"账户。

业务 24 1月31日，按 25% 计算应交所得税。

业务 25 1月31日，将"所得税费用"账户本期发生额结转至"本年利润"账户。

六、参考答案

根据原始凭证填制的记账凭证基本内容如下。

提示：①前面的阿拉伯数字表示经济业务序号；②总字后面的阿拉伯数字表示记账凭证总号；③收、付、转字后面的阿拉伯数字分别表示记账凭证分号；④年、月、日后面的文字表示经济业务的摘要。

业务1：总1　收1　2024年1月2日　长江公司还来账款
借：银行存款　　　　　　　　　　　　　2 300
　　贷：应收账款——长江公司　　　　　　　　2 300（附件1张）

业务2：总2　付1　2024年1月2日　将销售乙产品收到的现金存入银行
借：银行存款　　　　　　　　　　　　　375
　　贷：库存现金　　　　　　　　　　　　　　375（附件1张）

业务3：总3　付2　2024年1月2日　还A公司账款
借：应付账款——A公司　　　　　　　　1 640
　　贷：银行存款　　　　　　　　　　　　　　1 640（附件1张）

业务4：总4　付3　2024年1月2日　支付B公司甲材料款
借：在途物资——甲材料　　　　　　　　7 500
　　应交税费——应交增值税（进项税额）　　975
　　贷：银行存款　　　　　　　　　　　　　　8 475（附件2张）

业务5：总5　收2　2024年1月2日　王力交回预借差旅费余款
借：库存现金　　　　　　　　　　　　　30
　　贷：其他应收款——王力　　　　　　　　　30（附件1张）

业务6：总6　转1　2024年1月2日　结转甲材料采购成本
借：原材料——甲材料　　　　　　　　　7 500
　　贷：在途物资——甲材料　　　　　　　　　7 500（附件1张）

业务7：总7　付4　2024年1月2日　齐名借差旅费
借：其他应收款——齐名　　　　　　　　400
　　贷：库存现金　　　　　　　　　　　　　　400（附件1张）

业务8：总8　转2　2024年1月2日　一车间领料
借：生产成本——甲产品　　　　　　　　10 350
　　贷：原材料——甲材料　　　　　　　　　　9 750
　　　　　　——乙材料　　　　　　　　　　600（附件2张）

业务9：总9　收3　2024年1月14日　赵岩石交回预借差旅费余款
借：库存现金　　　　　　　　　　　　　20
　　贷：其他应收款——赵岩石　　　　　　　　20（附件1张）

业务10：总10　付5　2024年1月14日　提取备用金
借：库存现金　　　　　　　　　　　　　500
　　贷：银行存款　　　　　　　　　　　　　　500（附件1张）

业务11：总11　付6　2024年1月14日　还M公司账款

借：应付账款——M 公司　　　　　　　　　　　　　　 1 400
　　贷：银行存款　　　　　　　　　　　　　　　　　　　　　 1 400(附件 1 张)

业务 12： 总 12　　 付 7　　　 2024 年 1 月 14 日　　 李利借差旅费
借：其他应收款——李利　　　　　　　　　　　　　　 150
　　贷：库存现金　　　　　　　　　　　　　　　　　　　　　 150(附件 1 张)

业务 13： 总 13　　 收 4　　　 2024 年 1 月 26 日　　 绥化公司还回账款
借：银行存款　　　　　　　　　　　　　　　　　　　 600
　　贷：应收账款——绥化公司　　　　　　　　　　　　　　 600(附件 1 张)

业务 14： 总 14　　 转 3　　　 2024 年 1 月 26 日　　 向 M 公司赊购材料
借：在途物资——甲材料　　　　　　　　　　　　　　 4 500
　　　　　　——乙材料　　　　　　　　　　　　　　 1 200
　　应交税费——应交增值税(进项税额)　　　　　　　 741
　　贷：应付账款——M 公司　　　　　　　　　　　　　　　 6 441(附件 1 张)

业务 15： 总 15　　 转 4　　　 2024 年 1 月 26 日　　 结转甲、乙材料采购成本
借：原材料——甲材料　　　　　　　　　　　　　　　 4 500
　　　　　——乙材料　　　　　　　　　　　　　　　 1 200
　　贷：在途物资——甲材料　　　　　　　　　　　　　　　 4 500
　　　　　　　　——乙材料　　　　　　　　　　　　　　　 1 200(附件 2 张)

业务 16： 总 16　　 收 5　　　 2024 年 1 月 26 日　　 销售甲产品
借：银行存款　　　　　　　　　　　　　　　　　　　 63 280
　　贷：主营业务收入——甲产品　　　　　　　　　　　 56 000
　　　　应交税费——应交增值税(销项税额)　　　　　　 7 280(附件 2 张)

业务 17： 总 17　　 转 5　　　 2024 年 1 月 30 日　　 向松树公司赊购乙材料
借：在途物资——乙材料　　　　　　　　　　　　　　 900
　　应交税费——应交增值税(进项税额)　　　　　　　 117
　　贷：应付账款——松树公司　　　　　　　　　　　　　　 1 017(附件 1 张)

业务 18： 总 18　　 转 6　　　 2024 年 1 月 30 日　　 结转乙材料采购成本
借：原材料——乙材料　　　　　　　　　　　　　　　 900
　　贷：在途物资——乙材料　　　　　　　　　　　　　　　 900(附件 1 张)

业务 19： 总 19　　 转 7　　　 2024 年 1 月 30 日　　 向 D 公司赊销甲产品
借：应收账款——D 公司　　　　　　　　　　　　　　 8 701
　　贷：主营业务收入——甲产品　　　　　　　　　　　 7 700
　　　　应交税费——应交增值税(销项税额)　　　　　　 1 001(附件 1 张)

业务 20： 总 20　　 转 8　　　 2024 年 1 月 31 日　　 结转产品销售成本
借：主营业务成本——甲产品　　　　　　　　　　　　　　　 36 400
　　贷：库存商品——甲产品　　　　　　　　　　　　　　　 36 400

业务 21： 总 21　　 转 9　　　 2024 年 1 月 31 日　　 计算应交城建税
借：税金及附加　　　　　　　　　　　　　　　　　　　　　 318.50
　　贷：应交税费——应交城建税　　　　　　　　　　　　　 318.50

业务 22： 总 22　　转 10　　2024 年 1 月 31 日　　结转本月收入

借：主营业务收入　　　　　　　　　　　　　　　　　63 700

　　贷：本年利润　　　　　　　　　　　　　　　　　　　　63 700

业务 23： 总 23　　转 11　　2024 年 1 月 31 日　　结转本月支出

借：本年利润　　　　　　　　　　　　　　　　　　36 718.50

　　贷：主营业务成本　　　　　　　　　　　　　　　　　36 400

　　　　税金及附加　　　　　　　　　　　　　　　　　318.50

业务 24： 总 24　　转 12　　2024 年 1 月 31 日　　计算应交所得税

借：所得税费用　　　　　　　　　　　　　　　　　6 745.38

　　贷：应交税费——应交所得税　　　　　　　　　　　　6 745.38

业务 25： 总 25　　转 13　　2024 年 1 月 31 日　　结转所得税费用

借：本年利润　　　　　　　　　　　　　　　　　　6 745.38

　　贷：所得税费用　　　　　　　　　　　　　　　　　　6 745.38

任务二　审核记账凭证

一、实验目的

掌握记账凭证的审核方法。

二、实验资料

新华工厂 2024 年 1 月填制的记账凭证（任务一填制的记账凭证）。

三、实验要求

审核上述记账凭证（同学之间互相审核）。

四、记账凭证的审核程序和方法

1. 按凭证内容的填写顺序，逐项审核记账凭证。

(1)审核所附的原始凭证张数是否与记账凭证上所记附件数相符。

(2)审核分录是否正确。

(3)审核记账凭证种类及其编号是否正确。

2. 审核中发现填制有误，退给填制人重新填制。

3. 签审核人名或盖名章。

4. 代会计主管（由学员自定）审批收、付款业务，并在收款凭证和付款凭证上签名。

5. 代出纳员（自定）收付款项（略），并在收款凭证和付款凭证上签名。

项目三　登记日记账

任务一　登记三栏式日记账

一、实验目的

掌握三栏式日记账的登记方法。

二、实验资料

1. 新华工厂2023年12月31日日记账的余额
(1) 现金日记账的余额为825.30元。
(2) 银行存款日记账的余额为13 248.50元。
2. 新华工厂2024年1月填制的收款凭证和付款凭证

三、实验要求

根据上述资料，设置并登记三栏式现金日记账和银行存款日记账。

四、三栏式日记账的登记程序和方法

1. 开设三栏式现金日记账和银行存款日记账

在现金日记账和银行存款日记账的第一行日期栏登记开设账簿的日期，"摘要"栏注明"上年结转"字样，在"余额"栏登记上年转入的余额。

2. 逐日逐笔登记账项

(1) 日期栏：登记记账凭证的填制日期。其中，年栏，每页上只记一次；月栏，每页的第一行，办理月结和月份变更时记一次；日栏，每页的第一行、记账日期变更时和办理月结时记一次。同一天发生多笔同类型业务，在登记同一个账户时，第一笔账要求写日期，后面的若干笔账就不用重复写日期。

(2) "凭证"栏：登记收款凭证和付款凭证分号，可以简写为"收1""付1"等。

(3) "摘要"栏：可以写收款凭证和付款凭证上的摘要。

(4) 银行存款日记账"结算凭证种类及号数"栏，登记现金支票、现金存款单、转账支票、进账单、电划贷方补充报单等结算凭证的名称及其号数。其中，结算凭证种类可以简写为"现支""现存""转支""进账单""报单"。

(5) 对应账户栏：填写现金和银行存款账户的对应账户。对应账户是两个以上的，每个对应账户登记一行。

提示：现金与银行存款之间相互划转的付款凭证，同时登记现金日记账和银行存款日记账。

(6)每登记完一笔账项，在记账凭证的左上角科目后面作过账标记。

(7)对于因隔行或隔页登记而出现的空白行页，自右上角至左下角划一道斜线注销，并加盖"此行空白"或"此页空白"章和记账人名章。

(8)逐日在当日最后一笔记录行余额栏结出本日余额。

3.月结

(1)在本月最后一笔记录行下写月结日期，在"摘要"栏注明"本月合计"字样，并在此行结出本月发生额合计和余额。

(2)在"本月合计"行上、下线各划一道通栏红线。划线是为了突出有关数字，表示本期的记录已经结束，并将本期与下期的记录明显分开。

另附：现金日记账和银行存款日记账的空白账页(见本项目后)。

任务二 登记多栏式日记账

一、实验目的

掌握多栏式日记账的登记方法。

二、实验资料

1.新华工厂 2023 年 12 月 31 日日记账余额

(1)现金日记账的余额为 825.30 元。

(2)银行存款日记账的余额为 13 248.50 元。

2.该厂 2024 年 1 月填制的收款凭证和付款凭证(项目二填制的收款凭证和付款凭证)

三、实验要求

根据上述资料，设置并登记多栏式现金日记账和银行存款日记账。

四、多栏式日记账的登记程序和方法

1.开设多栏式日记账

参照三栏式记账的开设方法，在现金日记账和银行存款收入日记账上登记开设账簿的日期、摘要(或上年结转)和上年转入的余额。

2.逐日逐笔按照专栏登记账项

(1)借方科目为现金的收款凭证，按每一贷方科目及金额逐行在相应专栏登记"现金收入日记账"(暂不结出收入合计)。

(2)贷方科目为现金的付款凭证，按每一借方科目及金额逐行在相应专栏登记"现金支出日记账"(暂不结出收入合计)。

提示：如果这张付款凭证上的借方科目为银行存款(现金存入银行业务)，还应根据这张付款凭证登记"银行存款收入日记账"。

(3)借方科目为银行存款的收款凭证，按每一贷方科目及其金额逐行在相应专栏登记"银行存款收入日记账"(暂不结出收入合计)。

(4)贷方科目为银行存款的付款凭证，按每一借方科目及其金额逐行在相应专栏登记"银行存款支出日记账"(暂不结出收入合计)。

提示： 如果这张付款凭证上的借方科目为现金(从银行提取现金业务)，还应根据这张付款凭证登记"现金收入日记账"。

3．日结

(1)逐日在收入日记账最后一笔记录行结出本日收入合计。

(2)逐日在支出日记账最后一笔记录行结出本日支出合计。

(3)逐日把支出日记账上的本日支出合计直接转记在收入日记账本日最后一笔记录行的下一行"支出合计"栏，在此行"摘要"栏注明"转记本日支出"字样，并在此行结出本日余额。

4．月结

(1)在每种多栏式日记账本月最后一笔记录行下写月结日期，在"摘要"栏注明"本月合计"字样，并逐栏(包括"收入合计"栏和"支出合计"栏)结出本月发生额合计，在收入日记账上结出余额。

(2)在每种多栏式日记账的月结行上、下线各划一道通栏红线。

另附： 现金收入日记账、现金支出日记账、银行存款收入日记账、银行存款支出日记账的空白账页(见本项目后)。

现金日记账   第 页

年		凭证		摘 要	对方科目	借 方	贷 方	余 额
月	日	种类	编号					

银行存款日记账　　　　　　　　第　页

年		凭证		摘　要	结算凭证种类及号数	对方科目	借　方	贷　方	余　额
月	日	字	号						

现金收入日记账　　　　　　　　　　　　　第　页

年		凭证		摘　要	贷方账户																															支出合计							余　额					
					银行存款						其他应收款						收入合计																																
月	日	字	号		千	百	十	元	角	分	千	百	十	元	角	分	千	百	十	元	角	分										千	百	十	元	角	分							千	百	十	元	角	分

现金支出日记账　　　　　　　　　　　　　　　　第　　页

年		凭证		摘　要	借方账户													支出合计					
月	日	字	号		银行存款						其他应收款												
					千	百	十	元	角	分	千	百	十	元	角	分	千	百	十	元	角	分	

银行存款收入日记账　　　　　　第　　页

| 年 | | 凭证 | | 摘　要 | 贷方账户 | | | | | 支出合计 | 余　额 |
月	日	字	号		库存现金	应收账款	主营业务收入	应交税费	收入合计		

银行存款支出日记账　　　　　　　第　　页

年		凭证		摘　要	借方账户				支出合计
月	日	字	号		库存现金	在途物资	应交税费	应付账款	

项目四 登记明细账

任务一 登记三栏式明细账

一、实验目的

掌握三栏式明细账的登记方法。

二、实验资料

1. 新华工厂 2023 年 12 月 31 日应收账款余额

(1)长江公司 2 466.20 元。

(2)绥化公司 600 元。

2. 新华工厂 2023 年 12 月 31 日应付账款余额

(1)A 公司 1 750 元。

(2)M 公司 2 780 元。

3. 该厂 2024 年 1 月填制的记账凭证(项目二填制的记账凭证)。

三、实验要求

根据上述资料,设置并登记三栏式应收账款明细账和应付账款明细账。

四、三栏式明细账的登记程序和方法

1. 按照每一购货单位开设应收账款明细账和应付账款明细账

填写购货单位名称(应收账款明细账)和销货单位名称(应付账款明细账),登记开设账簿的日期,在"摘要"栏注明"上年结转"字样,在"借或贷"栏注明金额方向(写"借"字或"贷"字),并在"余额"栏登记上年转入数。

2. 逐笔登记账项

(1)日期栏:登记记账凭证的填制日期。

(2)"凭证号"栏:登记记账凭证的分号。

(3)"摘要"栏:写有关本账户的事项,如"收回账款""赊销 9 套甲产品"(应收账款明细账)或"还账款""欠 5 吨乙材料款"(应付账款明细账)等。

(4)逐日在当日最后一笔记录行"余额"栏结出余额,并注明余额方向。

提示:过账和注明余额方向时,请注意借、贷方向。对于无余额的账户,在"借或贷"栏写"平"字,在"余额"栏元位写"0"字(表示余额是 0)。

3. 月结

各种应收、应付款类明细账和财产物资类明细账在月末结账时，只需在本月最后一笔记录行底划一道通栏红线。

另附：应收账款明细账和应付账款明细账的空白账页(见本项目后)。

任务二   登记数量金额式明细账

一、实验目的

掌握数量金额式明细账的登记方法。

二、实验资料

1. 新华工厂 2023 年 12 月 31 日原材料明细账余额

(1)甲材料：数量 7 吨，每吨 1 500 元，金额 10 500 元。

(2)乙材料：数量 3 吨，每吨 300 元，金额 900 元。

2. 该厂 2024 年 1 月填制的转账凭证及其所附的原始凭证

三、实验要求

根据上述资料，设置并登记原材料明细账。

四、数量金额式材料明细账的登记步骤和方法

1. 按材料名称、规格开设明细账

登记开设账簿的日期，在"摘要"栏注明"上年结转"字样，并在"结存(余额)"栏登记上年转入的数量、单价和金额。

2. 逐笔登记账项

(1)日期栏：登记记账凭证的填制日期。

(2)"凭证号"栏：登记收料单和领料单的编号，可以简写为"收 1""领 1"等。

(3)"摘要"栏：写"向××单位购入""××车间领用"等。

(4)"收入"栏和"发出"栏：同时登记收入或发出的数量、单价和金额。

(5)逐日在当日最后一笔记录行底线划一道通栏红线。

另附：原材料明细账的空白账页(见本项目后)。

购货单位： 　　　　　　　　　　　**应收账款明细账**

本账第　页
本户第　页

年		凭证号	摘　要	借　方							贷　方							借或贷	余　额						
月	日			万	千	百	十	元	角	分	万	千	百	十	元	角	分		万	千	百	十	元	角	分

购货单位： 　　　　　　　　　　　**应收账款明细账**

本账第　页
本户第　页

年		凭证号	摘　要	借　方							贷　方							借或贷	余　额						
月	日			万	千	百	十	元	角	分	万	千	百	十	元	角	分		万	千	百	十	元	角	分

购货单位： 　　　　　　　　　　　**应收账款明细账**

本账第　页
本户第　页

年		凭证号	摘　要	借　方							贷　方							借或贷	余　额						
月	日			万	千	百	十	元	角	分	万	千	百	十	元	角	分		万	千	百	十	元	角	分

销货单位：　　　　　　　　　　　　**应付账款明细账**　　　　　　　　　　本账第　　页
　　　　　　　　　　　　　　　　　　　　　　　　　　　　　　　　　　　　本户第　　页

年		凭证号	摘　要	借　方							贷　方							借或贷	余　额						
月	日			万	千	百	十	元	角	分	万	千	百	十	元	角	分		万	千	百	十	元	角	分

销货单位：　　　　　　　　　　　　**应付账款明细账**　　　　　　　　　　本账第　　页
　　　　　　　　　　　　　　　　　　　　　　　　　　　　　　　　　　　　本户第　　页

年		凭证号	摘　要	借　方							贷　方							借或贷	余　额						
月	日			万	千	百	十	元	角	分	万	千	百	十	元	角	分		万	千	百	十	元	角	分

销货单位：　　　　　　　　　　　　**应付账款明细账**　　　　　　　　　　本账第　　页
　　　　　　　　　　　　　　　　　　　　　　　　　　　　　　　　　　　　本户第　　页

年		凭证号	摘　要	借　方							贷　方							借或贷	余　额						
月	日			万	千	百	十	元	角	分	万	千	百	十	元	角	分		万	千	百	十	元	角	分

原材料明细账

品名： 　　　　　　　　　　　　　　　　　　　　　　　　　　　　　　第 页

年		凭证	摘要	收入									发出									结存								
月	日	字号		数量	单价	万	千	百	十	元	角	分	数量	单价	万	千	百	十	元	角	分	数量	单价	万	千	百	十	元	角	分

原材料明细账

品名： 　　　　　　　　　　　　　　　　　　　　　　　　　　　　　　第 页

年		凭证	摘要	收入									发出									结存								
月	日	字号		数量	单价	万	千	百	十	元	角	分	数量	单价	万	千	百	十	元	角	分	数量	单价	万	千	百	十	元	角	分

项目五　登记总账

任务一　采用记账凭证核算形式登记总账

一、实验目的

掌握采用记账凭证核算形式登记总账的方法。

二、实验资料

1. 新华工厂 2023 年 12 月 31 日总账余额

（1）借方余额：①库存现金 825.30 元；②银行存款 13 248.50 元；③应收账款 3 066.20 元；④其他应收款 90.00 元；⑤原材料 11 400.00 元；⑥库存商品 38 200.00 元；⑦固定资产 659 800.00 元。

（2）贷方余额：①累计折旧 76 100.00 元；②应付账款 4 530.00 元；③长期借款 11 000.00 元；④实收资本 635 000.00 元。

提示：新华工厂 2023 年 12 月 31 日总账无余额的账户：①本年利润；②应交税费；③主营业务收入；④主营业务成本；⑤税金及附加；⑥在途物资；⑦生产成本；⑧所得税费用。

2. 该厂 2024 年 1 月填制的记账凭证（项目二填制的记账凭证）

三、实验要求

根据上述资料，开设总账，并采用记账凭证核算形式登记总账。

四、采用记账凭证核算形式登记总账的程序和方法

1. 开设总账

在账页的左上角写账户名称，在"摘要"栏写"上年结转"字样，在"借或贷"栏注明余额方向，在"余额"栏登记上年结转数。账簿页码略。

提示：无年初余额的账户，只写账户名称。

2. 逐笔登记账项

把记账凭证按照总号顺序排列后逐笔登记。其中，"凭证号"栏登记记账凭证总号，这是因为采用记账凭证核算形式登记总账的单位填制的是一种通用记账凭证，而不区分收款、付款、转账。

由于记账凭证核算形式不要求在总账上反映账户的对应关系，对于收款凭证和付款凭证上的对应科目是两个的（如根据产品销售业务填制的收款凭证，贷方科目有"主营业务收入"和"应交税费"），现金总账或银行存款总账上只记一笔合计数。

3. 结出账户余额

每日的账项登记完毕，在当日最后一笔记录行结出当日余额，并注明余额方向。

4. 月结

总账平时只需在当月最后一笔记录行结出月末余额(<u>不必划月结线</u>)。

另附：总分类账的空白账页(见本项目后)。

任务二　采用科目汇总表核算形式登记总账

一、实验目的

掌握采用科目汇总表核算形式登记总账的方法。

二、实验资料

新华工厂 2023 年 12 月 31 日的总账余额(见项目二任务一的实验资料)和 2024 年 1 月填制的记账凭证(见项目二任务一所填的记账凭证)。

三、实验要求

根据上述资料,采用科目汇总表核算形式登记总账。

四、采用科目汇总表核算形式登记总账的步骤和方法

1. 开设总账

本实验仍然使用任务一中开设的总账(年初余额不必重新登记)。

2. 编制科目汇总底稿

本实验要求每半月编制一次科目汇总表,并登记一次总账。

(1)把记账凭证按照每半月分开。

(2)根据汇总期内的记账凭证,采用登记"T"型账户的方法,逐笔汇总每个科目的本期发生额。

(3)结出每个科目的本期借方、贷方发生额合计。

3. 编制科目汇总表

(1)把科目汇总底稿上每个科目的本期借方、贷方发生额合计过入科目汇总表。

(2)结出本期借方、贷方发生额合计,做到借贷平衡。

(3)填写记账凭证张数、汇总期间和科目汇总表的编号,并签名或盖章。

(4)把科目汇总底稿和记账凭证用回形针夹在科目汇总表的下面。

(5)把面积较大的凭证折叠成与记账凭证相同的大小。

①面积只超过记账凭证下沿的凭证,向上折叠。如果折余部分超过记账凭证上沿,再向下折叠。然后,把折叠部分的左沿与下沿对齐,折成三角形。

②面积只超过记账凭证左沿的凭证,向左折叠。

③面积同时超过记账凭证下沿和右沿的凭证,先向上折叠,后向左折叠,最后折成三角形。

4. 根据科目汇总表登记总账

(1)总账的记账日期栏登记科目汇总表的编制日期;"凭证号"栏登记科目汇总表的编号,可以简写为"科汇 1"等;"摘要"栏登记科目汇总期间,如"1—15 日汇总";"对应账

户"栏不必登记。

(2)一个科目的借方、贷方发生额登记完毕，在科目汇总表上作一个过账标记"√"。

5.结出账户余额

每半月结记一次账户余额，并注明余额方向。计算余额时，仍用账页第一行的年初余额。

另附：部分参考答案(见下)及总分类账的空白账页(见本项目后)。

五、参考答案

1.根据记账凭证编制的科目汇总底稿。

(1)上半月科目汇总底稿。

(上半月用)   **科目汇总底稿**   1—15 日

库存现金				银行存款			
5)	30	2)	375	1)	2 300	3)	1 640
		7)	400	2)	375	4)	8 475
9)	20	12)	150			10)	500
10)	500					11)	1 400
	550		925		2 675		12 015

应收账款				其他应收款			
		1)	2 300	7)	400	5)	30
				12)	150	9)	20
			2 300		550		50

在途物资				原材料			
4)	7 500	6)	7 500	6)	7 500	8)	10 350
	7 500		7 500		7 500		10 350

应交税费				应付账款			
4)	975			3)	1 640		
				11)	1 400		
	975				3 040		

生产成本			
8)	10 350		
	10 350		

（2）下半月科目汇总底稿。

（下半月用）　　　　　　　　　　　**科目汇总底稿**　　　　　　　　　　　16—31日

银行存款

13）	600		
16）	63 280		
	63 880		

应收账款

19）	8 701	13）	600
	8 701		600

在途物资

14）	5 700	15）	5 700
17）	900	18）	900
	6 600		6 600

原材料

15）	5 700		
18）	900		
	6 600		

应交税费

14）	741	16）	7 280
17）	117	19）	1 001
		21）	318.50
		24）	6 745.38
	858		15 344.88

库存商品

		20）	36 400
			36 400

应付账款

		14）	6 441
		17）	1 017
			7 458

主营业务收入

22）	63 700	16）	56 000
		19）	7 700
	63 700		63 700

税金及附加

21）	318.50	23）	318.50
	318.50		318.50

主营业务成本

20）	36 400	23）	36 400
	36 400		36 400

所得税费用

24）	6 745.38	25）	6 745.38
	6 745.38		6 745.38

本年利润

23）	36 718.50	22）	63 700
25）	6 745.38		
	43 463.88		63 700

2. 根据科目汇总底稿编制的科目汇总表

(1)1—15日科目汇总表。

科目汇总表

2024年1月   1—15日汇总   科汇1号

会 计 科 目	过 账	本期发生额	
		借 方	贷 方
库存现金		550	925
银行存款		2 675	12 015
应收账款			2 300
其他应收款		550	50
在途物资		7 500	7 500
原材料		7 500	10 350
生产成本		10 350	
库存商品			
应付账款		3 040	
应交税费		975	
本年利润			
主营业务收入			
合 计		33 140	33 140

记账凭证   共   张   记账: 编制:

(2)16—31日科目汇总表。

科目汇总表

2024年1月   16—31日汇总   科汇2号

会 计 科 目	过 账	本期发生额	
		借 方	贷 方
银行存款		63 880	
应收账款		8 701	600
在途物资		6 600	6 600
原材料		6 600	
库存商品			36 400
应付账款			7 458
应交税费		858	15 344.88
本年利润		43 463.88	63 700
主营业务收入		63 700	63 700
主营业务成本		36 400	36 400
税金及附加		318.50	318.50
所得税费用		6 745.38	6 745.38
合 计		237 266.76	237 266.76

记账凭证   共   张   记账: 编制:

3. 根据科目汇总表登记总分类账

任务三　采用汇总记账凭证核算形式登记总账

一、实验目的

掌握采用汇总记账凭证核算形式登记总账的方法。

二、实验资料

新华工厂 2023 年 12 月 31 日的总账余额和 2024 年 1 月填制的记账凭证。

三、实验要求

根据上述资料，采用汇总记账凭证核算形式登记总账。

四、采用汇总记账凭证核算形式登记总账的步骤和方法

1. 开设总账

2. 编制汇总记账凭证（根据记账凭证直接编制汇总记账凭证）

(1) 抽出科目汇总表和科目汇总底稿，另行保存。

(2) 凭证分类：把汇总期（每 10 天汇总一次）内的收款凭证按照相同借方科目归类，付款凭证和转账凭证按相同贷方科目归类。单张的转账凭证，按照分号顺序排列后放在一起（以备月末直接登记总账）。

(3) 按"库存现金""银行存款"科目的借方分别设置汇总收款凭证，并按其每一对应贷方科目汇总每旬发生额。

(4) 按"库存现金""银行存款"科目的贷方分别设置汇总付款凭证，并按其每一对应借方科目汇总每旬发生额。

(5) 按每一贷方科目设置汇总转账凭证，并按其每一对应借方科目汇总每旬发生额。对于单张的转账凭证，不编制汇总转账凭证。

(6) 填写记账凭证张数，按汇总记账凭证种类分别编号，填写汇总年、月。

(7) 把记账凭证连同所附原始凭证用回形针夹在所编汇总记账凭证后面。

(8) 月末，结出每张汇总记账凭证对应科目行和每月合计，并填写人名或盖名章。

3. 月末，根据各种汇总记账凭证登记总账

(1) 总账的记账日期栏登记月终日期；"凭证号"栏登记汇总记账凭证的分号，可以简写为"汇收 1""汇收 2""汇付 1""汇转 1"等。

(2) 根据汇总收款凭证上的每个对应科目及其合计，逐行登记"库存现金""银行存款"总账的对应科目栏和借方的发生额，同时据以登记各贷方总账的对应科目栏（即汇总收款凭证左上角科目）和贷方的发生额。所有总账的发生额登记完毕，在汇总记账凭证上作过账标记。

(3) 根据汇总付款凭证上的每个对应科目及其合计，逐行登记"库存现金""银行存款"总账的对应科目栏和贷方的发生额，同时据以登记各借方总账的对应科目栏（即汇总付款凭证左上角科目）和借方的发生额。

（4）根据汇总转账凭证上的每个对应科目及其合计，逐行登记总账的对应科目栏和贷方的发生额，同时据以登记各借方总账的对应科目栏（即汇总转账凭证左上角科目）和借方的发生额。

4. 根据未汇总的转账凭证逐笔登记总账

账页上的记账日期栏登记月终日期；"凭证号"栏登记转账凭证的分号；"对应账户"栏登记所记账户相对应的账户名称。

5. 月末结出账户余额

在每个账户的本月最后一笔记录行结出余额（期初余额仍用第一行的年初余额），并注明余额方向。

另附：汇总收款凭证、汇总付款凭证、汇总转账凭证和总分类账的空白账页（见本项目后）。

总 分 类 账

账户名称：　　　　　　　　　　　　　　　　　　　　　　　　　　　　第　页

年		凭证		摘　要	对应账户	借　方								贷　方								借或贷	余　额							
月	日	字	号			十	万	千	百	十	元	角	分	十	万	千	百	十	元	角	分		十	万	千	百	十	元	角	分

总 分 类 账

账户名称：　　　　　　　　　　　　　　　　　　　　　　　　　　　　第　页

年		凭证		摘　要	对应账户	借　方								贷　方								借或贷	余　额							
月	日	字	号			十	万	千	百	十	元	角	分	十	万	千	百	十	元	角	分		十	万	千	百	十	元	角	分

总 分 类 账

账户名称：　　　　　　　　　　　　　　　　　　　　　　　　　　　　第　页

年		凭证		摘　要	对应账户	借　方								贷　方								借或贷	余　额							
月	日	字	号			十	万	千	百	十	元	角	分	十	万	千	百	十	元	角	分		十	万	千	百	十	元	角	分

总 分 类 账

账户名称：　　　　　　　　　　　　　　　　　　　　　　　　　　　　第　页

年		凭证		摘　要	对应账户	借　方								贷　方								借或贷	余　额							
月	日	字	号			十	万	千	百	十	元	角	分	十	万	千	百	十	元	角	分		十	万	千	百	十	元	角	分

总 分 类 账

账户名称： 第 页

年		凭证	摘 要	对应账户	借 方								贷 方								借或贷	余 额							
月	日	字号			十	万	千	百	十	元	角	分	十	万	千	百	十	元	角	分		十	万	千	百	十	元	角	分

总 分 类 账

账户名称： 第 页

年		凭证	摘 要	对应账户	借 方								贷 方								借或贷	余 额							
月	日	字号			十	万	千	百	十	元	角	分	十	万	千	百	十	元	角	分		十	万	千	百	十	元	角	分

总 分 类 账

账户名称：   第   页

年		凭证		摘　要	对应账户	借　方									贷　方									借或贷	余　额								
月	日	字	号			十	万	千	百	十	元	角	分	十	万	千	百	十	元	角	分		十	万	千	百	十	元	角	分

总 分 类 账

账户名称：   第   页

年		凭证		摘　要	对应账户	借　方									贷　方									借或贷	余　额								
月	日	字	号			十	万	千	百	十	元	角	分	十	万	千	百	十	元	角	分		十	万	千	百	十	元	角	分

总 分 类 账

账户名称：　　　　　　　　　　　　　　　　　　　　　　　　　　　　　　　　　第　页

年		凭证		摘要	对应账户	借方								贷方								借或贷	余额							
月	日	字	号			十	万	千	百	十	元	角	分	十	万	千	百	十	元	角	分		十	万	千	百	十	元	角	分

总 分 类 账

账户名称：　　　　　　　　　　　　　　　　　　　　　　　　　　　　　　　　　第　页

年		凭证		摘要	对应账户	借方								贷方								借或贷	余额							
月	日	字	号			十	万	千	百	十	元	角	分	十	万	千	百	十	元	角	分		十	万	千	百	十	元	角	分

总 分 类 账

账户名称：   第　　页

年		凭证		摘　要	对应账户	借　方								贷　方								借或贷	余　额							
月	日	字	号			十	万	千	百	十	元	角	分	十	万	千	百	十	元	角	分		十	万	千	百	十	元	角	分

总 分 类 账

账户名称：   第　　页

年		凭证		摘　要	对应账户	借　方								贷　方								借或贷	余　额							
月	日	字	号			十	万	千	百	十	元	角	分	十	万	千	百	十	元	角	分		十	万	千	百	十	元	角	分

总 分 类 账

账户名称：　　　　　　　　　　　　　　　　　　　　　　　　　　第　页

年		凭证		摘　要	对应账户	借　方								贷　方								借或贷	余　额							
月	日	字	号			十	万	千	百	十	元	角	分	十	万	千	百	十	元	角	分		十	万	千	百	十	元	角	分

总 分 类 账

账户名称：　　　　　　　　　　　　　　　　　　　　　　　　　　第　页

年		凭证		摘　要	对应账户	借　方								贷　方								借或贷	余　额							
月	日	字	号			十	万	千	百	十	元	角	分	十	万	千	百	十	元	角	分		十	万	千	百	十	元	角	分

总 分 类 账

账户名称：　　　　　　　　　　　　　　　　　　　　　　　　　　第　页

年		凭证		摘　要	对应账户	借　方								贷　方								借或贷	余　额							
月	日	字	号			十	万	千	百	十	元	角	分	十	万	千	百	十	元	角	分		十	万	千	百	十	元	角	分

总 分 类 账

账户名称：   第　页

年		凭证		摘　要	对应账户	借　方								贷　方								借或贷	余　额							
月	日	字	号			十	万	千	百	十	元	角	分	十	万	千	百	十	元	角	分		十	万	千	百	十	元	角	分

总 分 类 账

账户名称：   第　页

年		凭证		摘　要	对应账户	借　方								贷　方								借或贷	余　额							
月	日	字	号			十	万	千	百	十	元	角	分	十	万	千	百	十	元	角	分		十	万	千	百	十	元	角	分

总 分 类 账

账户名称：   第　页

年		凭证		摘　要	对应账户	借　方								贷　方								借或贷	余　额							
月	日	字	号			十	万	千	百	十	元	角	分	十	万	千	百	十	元	角	分		十	万	千	百	十	元	角	分

总 分 类 账

账户名称： 第 页

年		凭证字号	摘 要	对应账户	借 方								贷 方								借或贷	余 额							
月	日				十	万	千	百	十	元	角	分	十	万	千	百	十	元	角	分		十	万	千	百	十	元	角	分

总 分 类 账

账户名称： 第 页

年		凭证字号	摘 要	对应账户	借 方								贷 方								借或贷	余 额							
月	日				十	万	千	百	十	元	角	分	十	万	千	百	十	元	角	分		十	万	千	百	十	元	角	分

总 分 类 账

账户名称： 第 页

年		凭证字号	摘 要	对应账户	借 方								贷 方								借或贷	余 额							
月	日				十	万	千	百	十	元	角	分	十	万	千	百	十	元	角	分		十	万	千	百	十	元	角	分

总 分 类 账

账户名称：　　　　　　　　　　　　　　　　　　　　　　　　　　　　　　　　　　　第　　页

年		凭证		摘 要	对应账户	借 方								贷 方								借或贷	余 额							
月	日	字	号			十	万	千	百	十	元	角	分	十	万	千	百	十	元	角	分		十	万	千	百	十	元	角	分

总 分 类 账

账户名称：　　　　　　　　　　　　　　　　　　　　　　　　　　　　　　　　　　　第　　页

年		凭证		摘 要	对应账户	借 方								贷 方								借或贷	余 额							
月	日	字	号			十	万	千	百	十	元	角	分	十	万	千	百	十	元	角	分		十	万	千	百	十	元	角	分

总 分 类 账

账户名称：　　　　　　　　　　　　　　　　　　　　　　　　　　　　　　　　　　　第　　页

年		凭证		摘 要	对应账户	借 方								贷 方								借或贷	余 额							
月	日	字	号			十	万	千	百	十	元	角	分	十	万	千	百	十	元	角	分		十	万	千	百	十	元	角	分

总 分 类 账

账户名称：　　　　　　　　　　　　　　　　　　　　　　　　　　　　　　　　第　页

年		凭证		摘　要	对应账户	借　方								贷　方								借或贷	余　额							
月	日	字	号			十	万	千	百	十	元	角	分	十	万	千	百	十	元	角	分		十	万	千	百	十	元	角	分

总 分 类 账

账户名称：　　　　　　　　　　　　　　　　　　　　　　　　　　　　　　　　第　页

年		凭证		摘　要	对应账户	借　方								贷　方								借或贷	余　额							
月	日	字	号			十	万	千	百	十	元	角	分	十	万	千	百	十	元	角	分		十	万	千	百	十	元	角	分

总 分 类 账

账户名称：　　　　　　　　　　　　　　　　　　　　　　　　　　　　　　　　第　页

年		凭证		摘　要	对应账户	借　方								贷　方								借或贷	余　额							
月	日	字	号			十	万	千	百	十	元	角	分	十	万	千	百	十	元	角	分		十	万	千	百	十	元	角	分

总 分 类 账

账户名称：　　　　　　　　　　　　　　　　　　　　　　　　　　　　　　第　页

年		凭证		摘要	对应账户	借 方								贷 方								借或贷	余 额							
月	日	字	号			十	万	千	百	十	元	角	分	十	万	千	百	十	元	角	分		十	万	千	百	十	元	角	分

总 分 类 账

账户名称：　　　　　　　　　　　　　　　　　　　　　　　　　　　　　　第　页

年		凭证		摘要	对应账户	借 方								贷 方								借或贷	余 额							
月	日	字	号			十	万	千	百	十	元	角	分	十	万	千	百	十	元	角	分		十	万	千	百	十	元	角	分

总 分 类 账

账户名称：　　　　　　　　　　　　　　　　　　　　　　　　　　　　　　第　页

年		凭证		摘要	对应账户	借 方								贷 方								借或贷	余 额							
月	日	字	号			十	万	千	百	十	元	角	分	十	万	千	百	十	元	角	分		十	万	千	百	十	元	角	分

汇总收款凭证

借方科目：　　　　　　　　　　　　年　月　日　　　　　　　　　　　汇收第　号

贷方科目	金　额				账页
	1—10日 收款凭证　张	11—20日 收款凭证　张	21—31日 收款凭证　张	合　计	
合　计					

汇总收款凭证

借方科目：　　　　　　　　　　　　年　月　日　　　　　　　　　　　汇收第　号

贷方科目	金　额				账页
	1—10日 收款凭证　张	11—20日 收款凭证　张	21—31日 收款凭证　张	合　计	
合　计					

汇总收款凭证

借方科目: 年　月　日   汇收第　号

贷方科目	金　额				账页
	1—10 日 收款凭证　张	11—20 日 收款凭证　张	21—31 日 收款凭证　张	合　计	
合　计					

汇总收款凭证

借方科目: 年　月　日   汇收第　号

贷方科目	金　额				账页
	1—10 日 收款凭证　张	11—20 日 收款凭证　张	21—31 日 收款凭证　张	合　计	
合　计					

汇总收款凭证

借方科目：　　　　　　　　　　　年　月　日　　　　　　　汇收第　号

贷方科目	金 额				账页
	1—10日 收款凭证　张	11—20日 收款凭证　张	21—31日 收款凭证　张	合　计	
合　计					

汇总收款凭证

借方科目：　　　　　　　　　　　年　月　日　　　　　　　汇收第　号

贷方科目	金 额				账页
	1—10日 收款凭证　张	11—20日 收款凭证　张	21—31日 收款凭证　张	合　计	
合　计					

汇总收款凭证

借方科目：　　　　　　　　　　　　年　月　日　　　　　　　　　　汇收第　号

贷方科目	金　额				账页
	1—10 日 收款凭证　张	11—20 日 收款凭证　张	21—31 日 收款凭证　张	合　计	
合　计					

汇总收款凭证

借方科目：　　　　　　　　　　　　年　月　日　　　　　　　　　　汇收第　号

贷方科目	金　额				账页
	1—10 日 收款凭证　张	11—20 日 收款凭证　张	21—31 日 收款凭证　张	合　计	
合　计					

汇总付款凭证

贷方科目：　　　　　　　　　　　　年　月　日　　　　　　　　　　汇付第　号

借方科目	金 额				账页
	1—10日 付款凭证　张	11—20日 付款凭证　张	21—31日 付款凭证　张	合 计	
合 计					

汇总付款凭证

贷方科目：　　　　　　　　　　　　年　月　日　　　　　　　　　　汇付第　号

借方科目	金 额				账页
	1—10日 付款凭证　张	11—20日 付款凭证　张	21—31日 付款凭证　张	合 计	
合 计					

汇总付款凭证

贷方科目：　　　　　　　　　　　年　月　日　　　　　　　　汇付第　号

借方科目	金　额				账页
	1—10日 付款凭证　张	11—20日 付款凭证　张	21—31日 付款凭证　张	合　计	
合　计					

汇总付款凭证

贷方科目：　　　　　　　　　　　年　月　日　　　　　　　　汇付第　号

借方科目	金　额				账页
	1—10日 付款凭证　张	11—20日 付款凭证　张	21—31日 付款凭证　张	合　计	
合　计					

汇总付款凭证

贷方科目：　　　　　　　　　年　月　日　　　　　　　汇付第　号

借方科目	金　额				账页
	1—10日 付款凭证　张	11—20日 付款凭证　张	21—31日 付款凭证　张	合　计	
合　计					

汇总付款凭证

贷方科目：　　　　　　　　　年　月　日　　　　　　　汇付第　号

借方科目	金　额				账页
	1—10日 付款凭证　张	11—20日 付款凭证　张	21—31日 付款凭证　张	合　计	
合　计					

汇总付款凭证

贷方科目：　　　　　　　　　　年　　月　　日　　　　　　　　　汇付第　号

借方科目	金　额				账页
	1—10日 付款凭证　张	11—20日 付款凭证　张	21—31日 付款凭证　张	合　计	
合　计					

汇总付款凭证

贷方科目：　　　　　　　　　　年　　月　　日　　　　　　　　　汇付第　号

借方科目	金　额				账页
	1—10日 付款凭证　张	11—20日 付款凭证　张	21—31日 付款凭证　张	合　计	
合　计					

汇总转账凭证

贷方科目：　　　　　　　　　年　　月　　日　　　　　　　　　汇转第　号

借方科目	金　额				账页
	1—10日 转账凭证　张	11—20日 转账凭证　张	21—31日 转账凭证　张	合　计	
合　计					

汇总转账凭证

贷方科目：　　　　　　　　　年　　月　　日　　　　　　　　　汇转第　号

借方科目	金　额				账页
	1—10日 转账凭证　张	11—20日 转账凭证　张	21—31日 转账凭证　张	合　计	
合　计					

汇总转账凭证

贷方科目：　　　　　　　　　　　　　年　月　日　　　　　　　　　　　　汇转第　号

借方科目	金　额				账页
	1—10日 转账凭证　张	11—20日 转账凭证　张	21—31日 转账凭证　张	合　计	
合　计					

汇总转账凭证

贷方科目：　　　　　　　　　　　　　年　月　日　　　　　　　　　　　　汇转第　号

借方科目	金　额				账页
	1—10日 转账凭证　张	11—20日 转账凭证　张	21—31日 转账凭证　张	合　计	
合　计					

汇总转账凭证

贷方科目：　　　　　　　　　　年　月　日　　　　　　　　汇转第　号

| 借方科目 | 金　额 | | | | 账页 |
	1—10 日 转账凭证　张	11—20 日 转账凭证　张	21—31 日 转账凭证　张	合　计	
合　计					

汇总转账凭证

贷方科目：　　　　　　　　　　年　月　日　　　　　　　　汇转第　号

| 借方科目 | 金　额 | | | | 账页 |
	1—10 日 转账凭证　张	11—20 日 转账凭证　张	21—31 日 转账凭证　张	合　计	
合　计					

汇总转账凭证

贷方科目：　　　　　　　　　　年　月　日　　　　　　　　汇转第　号

借方科目	金额				账页
	1—10日 转账凭证　张	11—20日 转账凭证　张	21—31日 转账凭证　张	合　计	
合　计					

汇总转账凭证

贷方科目：　　　　　　　　　　年　月　日　　　　　　　　汇转第　号

借方科目	金额				账页
	1—10日 转账凭证　张	11—20日 转账凭证　张	21—31日 转账凭证　张	合　计	
合　计					

项目六 对账与结账

任务一 更正错账

一、实验目的

掌握错账的更正方法。

二、实验资料

新华工厂2024年1月发生的错账(与前面的实验无关)。

1.2日，根据付字第1号凭证(厂部购买办公用品)登记现金日记账时，把"购入办公用品"误写为"构入办公用品"，并把贷方金额24元误记为2.4元，但余额没有结错，凭证无误。

2.6日，根据第2号收款凭证(杨新交差旅费欠款)登记现金日记账时，把借方金额60元误记为贷方金额，余额也随之结错，凭证无误。

3.10日，发现8日的错账：根据李林借差旅费(现金200元)的业务所填制的付字第3号凭证中，把应借科目"其他应收款"误写为"管理费用"，并已记入有关日记账和明细账。

4.15日，发现6日的错账：根据H公司还来的账款(银行存款)4 500元的业务所填制收字第1号凭证中，金额误写为5 400元，并已记入有关日记账和明细账。

5.15日，发现9日的错账：根据H公司还来的账款(银行存款)3 620元的业务所填制收字第3号凭证中，金额误写为3 260元，并已记入有关日记账和明细账。

三、实验要求

1. 更正上述错账，并逐日结出账户余额。
2. 办理现金日记账、银行存款日记账的月结。

四、错账的更正步骤和方法

1. 过账笔误时划线更正的步骤和方法
(1)在错误的文字或全部金额上划一道红线。
(2)在红线上方或在应记行栏进行正确的登记。
(3)在更正处的左侧空白处盖更正人名章。对于文字的更正，可不盖更正人名章。

2. 记账后，发现原记账凭证和账簿上科目有误时，红字更正的步骤和方法
(1)编制一张凭证种类、科目和金额与原错误的记账凭证相同，但金额为红字的记账凭证。

记账凭证的"摘要"栏，写"注销×日收(或付)字×号凭证"字样；填写日期，写更正日期；凭证编号，续接更正日已编凭证号编写。以红字注销金额栏空行，并填写合计金额和人民币符号。

(2)以蓝字填写一张正确的记账凭证。其中，"摘要"栏填写"重填×日收(或付)字×号凭证"字样；凭证编号，续接上述更正错账的凭证编号编写。

(3)把更正错账的记账凭证交给审核人审核签名后，据以按凭证新号顺序登记入账。其中，凭证上金额是红字的，以红字金额登记入账(其他内容均以蓝字登记)。

3. 记账后，发现原记账凭证和账簿上所记金额大于应记金额时，红字更正的步骤和方法

(1)编制一张凭证种类、科目和金额与原错误的记账凭证相同，但金额为多记部分而且是红字的记账凭证。"摘要"栏，写"冲销×日收(或付)字×号凭证多记金额"字样。

(2)经审核人审核签名，以红字金额登记入账。

4. 记账后，发现原记账凭证和账簿上所记金额小于应记金额时，补充登记更正的步骤和方法

(1)编制一张凭证种类、科目和金额与原错误的记账凭证相同，但金额为少记部分而且是蓝字的记账凭证。"摘要"栏，写"补记×日收(或付)字×号凭证少记金额"字样。

(2)经审核人审核签名，以蓝字金额登记入账。

5. 月结

(1)库存现金日记账、银行存款日记账要求月结，其他账只在最后一笔记录行结出余额。

(2)在分别计算现金日记账和银行存款日记账本月发生额合计余额时，用红字金额抵减蓝字金额。

现金日记账本日余额＝上日余额＋本日收入发生额－本日收入红字发生额－本日支出发生额＋本日支出红字发生额

五、参考答案

1. 第一、第二笔错账属于过账笔误的错账，采用划线更正法更正。更正第二笔账时，余额也应该更正。

2. 第三笔错账属于科目记错，采用红字更正法更正。

首先，以红字金额(其他内容均以蓝字)填制注销8日付第3号凭证的付字第4号凭证，分录的借方科目为"管理费用"，贷方科目为"库存现金"。同时，以蓝字重填正确的凭证，凭证号为付字第5号，分录的借方科目为"其他应收款"，贷方科目为"库存现金"。然后，以红字金额(其他内容均以蓝字)把红字金额凭证过入账簿，以蓝字把正确的凭证过入账簿。

3. 第四笔账属于实记金额大于应记金额的错账，采用红字更正法更正。以红字金额填制冲销6日收字第1号凭证多记金额的收字第5号凭证，并以红字金额过账。

4. 第五笔账属于实记金额小于应记金额的错账，采用补充登记法更正。以蓝字填制补充登记9日收字第3号凭证少记金额的收字第6号凭证，并以蓝字金额过账。

另附: 需要填制的更正错账的凭证和需要更正的账簿(见本任务后)。

付 款 凭 证

贷方科目　　　　　　　　　　　　　　　年　月　日　　　　　　　　　总字第　号
　　　　　　　　　　　　　　　　　　　　　　　　　　　　　　　　　付字第　号

摘　　要	借方科目		记账(√)	金　　额	附件
	一级科目	二级或明细科目			
					张
合　　计					

会计主管：　　　　记账：　　　　出纳：　　　　审核：　　　　制单：

付 款 凭 证

贷方科目　　　　　　　　　　　　　　　年　月　日　　　　　　　　　总字第　　号
　　　　　　　　　　　　　　　　　　　　　　　　　　　　　　　　　付字第　　号

摘　　要	借方科目		记账(√)	金　　额	附件
	一级科目	二级或明细科目			
					张
合　　计					

会计主管：　　　　记账：　　　　出纳：　　　　审核：　　　　制单：

收 款 凭 证

借方科目　　　　　　　　　　　　　　　年　月　日　　　　　　　　　总字第　　号
　　　　　　　　　　　　　　　　　　　　　　　　　　　　　　　　　收字第　　号

摘　　要	贷方科目		记账(√)	金　　额	附件
	一级科目	二级或明细科目			
					张
合　　计					

会计主管：　　　　记账：　　　　出纳：　　　　审核：　　　　制单：

收 款 凭 证

借方科目　　　　　　　　　　　　　　　年　月　日　　　　　　　　　总字第　　号
　　　　　　　　　　　　　　　　　　　　　　　　　　　　　　　　　收字第　　号

摘　　要	贷方科目		记账(√)	金　　额	附件
	一级科目	二级或明细科目			
					张
合　　计					

会计主管：　　　　记账：　　　　出纳：　　　　审核：　　　　制单：

现金日记账　　　　　　　　　第　页

年		凭证		摘要	对方科目	收入	支出	结余
月	日	种类	编号					
1	1			上年结余				294.00
	2	付款	1	厂部构入办公用品			2.40	270.00
	6	收款	2	杨新交差旅费欠款			60.00	210.00
1	31			本月合计		210.00	224.00	280.00

管理费用明细账　　　　　　　　　第　页

年		凭证号	摘要	工资及福利费							差旅费							办公费							劳动保险费							合计						
月	日			千	百	十	元	角	分		千	百	十	元	角	分		千	百	十	元	角	分		千	百	十	元	角	分		千	百	十	元	角	分	

明细科目：　　　　　　其他应收款明细账　　　　　　第　页

年		凭证号	摘要	借方								贷方								借或贷	余额							
月	日			万	千	百	十	元	角	分		万	千	百	十	元	角	分			万	千	百	十	元	角	分	

银行存款日记账   第 页

年		凭证号	摘要	借方								贷方								余额							
月	日			万	千	百	十	元	角	分	万	千	百	十	元	角	分	万	千	百	十	元	角	分		

购货单位：   **应收账款明细账**   第 页

年		凭证号	摘要	借方								贷方								借或贷	余额						
月	日			万	千	百	十	元	角	分	万	千	百	十	元	角	分		万	千	百	十	元	角	分

任务二 对账

一、实验目的

掌握对账的方法。

二、实验资料

新华工厂 2024 年 1 月账簿(不包括前面的更正错账实验)。

三、实验要求

核对上述账簿。

四、对账的步骤和方法

1. 编制总账余额试算表。

总账余额试算表的编制方法如下。

(1)表内"期末余额"栏,填写相应总账的月末余额。

提示:核对总账余额试算表中应记账户及其借、贷方向后填写期末余额。

无余额的账户,不必写"0"字,也不必划线。

(2)填写合计数,做到借贷平衡。如果不平衡,应重算合计数,检查余额及其方向是否与总账相符,或检查总账余额的计算是否正确。

(3)填写总账余额试算表的编制月份,并签名。

2. 库存现金日记账、银行存款日记账月末余额与各自的总账月末余额核对,做到相符。

3. 分别计算应收账款、应付账款、原材料明细账月末余额合计,与各自的总账月末余额核对,做到平行登记结果相符。

另附:总账余额试算表的空白账页(见本任务后)。

总账余额试算表

2024 年 1 月

账 户 名 称	期 末 余 额	
	借　方	贷　方
库存现金		
银行存款		
应收账款		
其他应收款		
在途物资		
原 材 料		
生产成本		
库存商品		
固定资产		
累计折旧		
应付账款		
应付职工薪酬		
应交税费		
长期借款		
实收资本		
主营业务收入		
主营业务支出		
税金及附加		
所得税费用		
本年利润		
盈余公积		
利润分配		
合 计		

任务三　结账

一、实验目的

掌握结账的方法。

二、实验资料

新华工厂 2024 年 1 月账簿(不包括前面的更正错账实验)。

三、实验要求

对上述账簿进行结账。

四、结账的步骤和方法

为了正确反映一定时期内在账簿中已经记录的经济业务,总结有关的经济活动和财务状况,为编制会计报表提供资料,各单位应在会计期末进行结账。

所谓结账,是在把一定时期内发生的全部经济业务登记入账的基础上,按规定的方法将各种账簿的记录进行小结,计算并记录本期发生额和期末余额。各单位必须按一定的程序和方法做好结账工作。

1. 结账的基本程序

(1)将本期发生的经济业务事项全部登记入账,并保证其正确性。

(2)根据权责发生制的要求,调整有关账项,合理确定本期应计的收入和应计的费用。

(3)将损益类账户转入"本年利润"账户,结平所有损益类账户。

(4)结算出资产、负债、所有者权益账户的本期发生额和余额,并结转至下期。

2. 结账的方法

结账工作分为月结和年结。结账时,应当结出每个账户的期末余额,有些账户还要求结出本期发生额。结出余额后,应在"余额"栏前的"借或贷"栏内写"借"或"贷"字样;没有余额的账户,应在"余额"栏前的"借或贷"栏内写"平"字,并在"余额"栏内用"Q"表示。

为了突出本期发生额合计数及期末余额,表示本会计期间的会计记录已经截止或者结束,应将本期与下期的会计记录明显分开,结账一般都划结账线。划线时,月结划单线,年结划双线。划线应划红色通栏线,不能只在账页中的金额部分划线。

结账时应根据不同的账户记录,分别采用不同的结账方法。

(1)总账账户的结账方法。总账账户平时只需结计月末余额,不需要结计本月发生额。每月结账时,应将月末余额计算出来,写在本月最后一笔经济业务记录的同一行内,并在下面划红色通栏单线。年终结账时,为了反映全年各会计要素增减变动的全貌,便于核对账目,要将所有总账账户结计全年发生额和年末余额,在"摘要"栏内注明"本年合计"字样,并在"本年合计"行下划红色通栏双线。采用科目汇总表代替总账的单位,年终结账时,应当汇编一张全年合计的科目汇总表。

(2)现金日记账、银行存款日记账和需要按月结计发生额的收入、费用等明细账的结账方法。每月结账时，要在记录的最后一笔经济业务下面划红色通栏单线，结出本月发生额和月末余额，写在红线下面，并在"摘要"栏内注明"本月合计"字样，再在下面划红色通栏单线。

(3)不需要按月结计发生额的债权、债务和财产物资等明细分类账的结账方法。对于这类明细账，每次记账后，都要在该行"余额"栏内随时结出余额，每月最后一笔余额即为月末余额。也就是说，月末余额即本月最后一笔经济业务记录的同一行内的余额。月末结账时只需在最后一笔经济业务记录下划红色通栏单线即可，无须再结计一次余额。

(4)需要结计本年累计发生额的收入、成本等明细账的结账方法。对于这类明细账，每月结账时，先按照需按月结计发生额的明细账的月结方法进行月结，再在"本月合计"行下的"摘要"栏内注明"本年累计"字样，并结出自年初起至本月末止的累计发生额，再在下面划红色通栏单线。12月末的"本年累计"就是全年累计发生额，全年累计发生额下面划红色通栏双线。

(5)年度终了结账时，有余额的账户，要将其余额结转到下一会计年度，并在"摘要"栏内注明"结转下年"字样；在下一个会计年度新建有关会计账簿的第一行"余额"栏内填写上年结转的余额，并在"摘要"栏注明"上年结转"字样。结转下年时，既不需要编制记账凭证，也不必将余额再记入本年账户的借方或贷方，使本年有余额的账户的余额变为"0"，而是使有余额账户的余额如实反映在账户中，以免混淆有余额的账户和无余额的账户。

项目七　编制会计报表

任务一　编制资产负债表

一、实验目的

掌握资产负债表的一般编制方法。

二、实验资料

新华工厂2023年12月31日的资产负债表(附后)和新华工厂2024年1月31日的总账余额试算表(附后)。

三、实验要求

根据上述资料,编制新华工厂2024年1月的资产负债表。

提示:各种会计报表均为一式几份,用蓝油笔复写。

四、资产负债表的编制步骤和方法

1. 年初数,填写上年年末(2023年12月末)资产负债表的期末数填列。

2. 期末数,根据总账、明细账或总账余额试算表上的期末余额填列。

(1)货币资金:根据"库存现金""银行存款""其他货币资金"账户的期末余额合计填列。

(2)存货:根据"在途物资""原材料""库存商品""生产成本"等账户的期末余额合计填列。

(3)固定资产原价:根据"固定资产"账户的期末余额填列。

(4)固定资产净值:根据固定资产原价减累计折旧的差额填列。

(5)其他:本实验可根据相应账户的期末余额直接填列。

(6)合计、总计:根据表内已列项目计算填列。

3. 填写编制日期,<u>盖编制人章</u>,并交审核人和会计主管审核盖章。

另附:新华工厂2024年1月的资产负债表空白表格(见本任务后)。

附1:新华工厂2023年12月31日的资产负债表。

资产负债表

2023年12月31日

会企01表

编制单位:新华工厂

单位:元

资　　产	期末余额	年初余额	负债和所有者权益 (或股东权益)	期末余额	年初余额
流动资产:			流动负债:		
货币资金	14 073.80		短期借款		
交易性金融资产			交易性金融负债		

续表

资　　产	期末余额	年初余额	负债和所有者权益（或股东权益）	期末余额	年初余额
衍生金融资产			衍生金融负债		
应收票据及应收账款	3 066.20		应付票据及应付账款	4 530.00	
预付款项			预收款项		
其他应收款	90.00		应付职工薪酬		
存货	49 600.00		应交税费		
持有待售资产			其他应付款		
一年内到期的非流动资产			持有待售负债		
其他流动资产			一年内到期的非流动负债		
流动资产合计	66 830.00		其他流动负债		
非流动资产：			流动负债合计	4 530.00	
债权投资			非流动负债：		
其他债权投资			长期借款	11 000.00	
长期应收款			应付债券		
长期股权投资			其中：优先股		
投资性房地产			永续债		
固定资产	583 700.00		长期应付款		
在建工程			预计负债		
生产性生物资产			递延收益		
油气资产			递延所得税负债		
无形资产			其他非流动负债		
开发支出			非流动负债合计	11 000.00	
商誉			负债合计	15 530.00	
长期待摊费用			所有者权益（或股东权益）：		
递延所得税资产			实收资本（或股本）	635 000.00	
其他非流动资产			资本公积		
非流动资产合计	583 700.00		减：库存股		
			其他综合收益		
			盈余公积		
			未分配利润		
			所有者权益（或股东权益）合计	635 000.00	
资产总计	650 530.00		负债和所有者权益（或股东权益）总计	650 530.00	

单位负责人：　　　　会计总管：　　　　审核：　　　　编制：

附2： 新华工厂 2024 年 1 月 31 日的总账余额试算表。

总账余额试算表

2024 年 1 月

账 户 名 称	期 末 余 额	
	借 方	贷 方
库存现金	450.30	
银行存款	67 788.50	
应收账款	8 867.20	
其他应收款	590	
在途物资	0	
原 材 料	15 150	
生产成本	10 350	
库存商品	1 800	
固定资产	659 800	
累计折旧		76 100
应付账款		8 948
应付职工薪酬		0
应交税费		13 511.88
长期借款		11 000
实收资本		635 000
主营业务收入		0
主营业务成本		0
税金及附加		0
所得税费用		0
本年利润		20 236.12
盈余公积		
利润分配		
合 计	764 796	764 796

附3：新华工厂 2024 年 1 月的资产负债表（需要编制的空白表格）。

资产负债表

2024 年 1 月 31 日 会企 01 表

编制单位：新华工厂 单位：元

资　　产	期末余额	年初余额	负债和所有者权益（或股东权益）	期末余额	年初余额
流动资产：			流动负债：		
货币资金			短期借款		
交易性金融资产			交易性金融负债		
衍生金融资产			衍生金融负债		
应收票据及应收账款			应付票据及应付账款		
预付款项			预收款项		
其他应收款			应付职工薪酬		
存货			应交税费		
持有待售资产			其他应付款		
一年内到期的非流动资产			持有待售负债		
其他流动资产			一年内到期的非流动负债		
流动资产合计			其他流动负债		
非流动资产：			流动负债合计		
债权投资			非流动负债：		
其他债权投资			长期借款		
长期应收款			应付债券		
长期股权投资			其中：优先股		
投资性房地产			永续债		
固定资产			长期应付款		
在建工程			预计负债		
生产性生物资产			递延收益		
油气资产			递延所得税负债		
无形资产			其他非流动负债		
开发支出			非流动负债合计		
商誉			负债合计		
长期待摊费用			所有者权益（或股东权益）：		

续表

资　产	期末余额	年初余额	负债和所有者权益 (或股东权益)	期末余额	年初余额
递延所得税资产			实收资本(或股本)		
其他非流动资产			资本公积		
非流动资产合计			减:库存股		
			其他综合收益		
			盈余公积		
			未分配利润		
			所有者权益(或股东权益)合计		
资产总计			负债和所有者权益(或股东权益)总计		

单位负责人:　　　　会计总管:　　　　审核:　　　　编制:

任务二　编制利润表

一、实验目的

掌握利润表的一般编制方法。

二、实验资料

新华工厂2024年1月损益账户发生额如下:(1)主营业务收入31 800元(贷方);(2)其他业务收入570元(贷方);(3)营业外收入1 380元(贷方);(4)主营业务成本19 800元(借方);(5)税金及附加200元(借方);(6)其他业务成本484元(借方);(7)营业外支出500元(借方);(8)管理费用9 280元(借方);(9)销售费用1 000元(借方);(10)财务费用600元(借方)。

三、实验要求

根据上述资料,编制新华工厂2024年1月的利润表。

提示:各种会计报表均为一式几份,用蓝油笔复写。

四、利润表的编制步骤和方法

1. 本月数:填写新华工厂2024年1月各项目发生额。

2. 本年累计数:因为这是一个会计年度的首月,所以填写的数据与本月各项目数据一样。

3. 填写编制日期,盖编制人章,并交审核人和会计主管审核盖章。

另附:新华工厂2024年1月的利润表的空白账页(见本任务后)。

利　润　表

2024 年 1 月

会企 02 表

编制单位：新华工厂

单位：元

项　目	本期金额	上期金额
一、营业收入		
减：营业成本		
税金及附加		
销售费用		
管理费用		
研发费用		
财务费用		
其中：利息费用		
利息收入		
资产减值损失		
加：其他收益		
投资收益（损失以"－"号填列）		
其中：对联营企业和合营企业的投资收益		
公允价值变动收益（损失以"－"号填列）		
资产处置收益（损失以"－"号填列）		
二、营业利润（亏损以"－"号填列）		
加：营业外收入		
减：营业外支出		
三、利润总额（亏损总额以"－"号填列）		
减：所得税费用		
四、净利润（净亏损以"－"号填列）		
（一）持续经营净利润（净亏损以"－"号填列）		
（二）终止经营净利润（净亏损以"－"号填列）		
五、其他综合收益的税后净额		
六、综合收益总额		
七、每股收益：		
（一）基本每股收益		
（二）稀释每股收益		

会计总管：　　　　　　审核：　　　　　　编制：

项目八　装订会计凭证

一、实验目的

掌握科目汇总表、汇总记账凭证核算形式下会计凭证的装订方法。

二、实验资料

新华工厂2024年1月填制的收款凭证、付款凭证、转账凭证，以及科目汇总表、各种汇总记账凭证和原始凭证。

三、实验要求

装订上述凭证。

四、会计凭证的装订方法

1. 在科目汇总表核算形式下会计凭证的装订方法

(1)按总账余额试算表、上半月科目汇总表(包括所附的科目汇总底稿、记账凭证和原始凭证，下同)、下半月科目汇总表的顺序自上而下地排列，加上封皮，装订成一册。

(2)加编记账凭证总号。总号自第1号起用阿拉伯数字加编，在每一张记账凭证上(不分收、付、转凭证)加编一个总号。总号表示记账凭证的总数，采用分数编号法编写的记账凭证应当加编连续总号。总号加编完毕，在最后一张记账凭证的右上角写一个"全"字。

2. 在汇总记账凭证核算形式下会计凭证的装订方法

(1)按总账余额试算表、现金凭证科目汇总表(包括所附的科目汇总底稿、记账凭证和原始凭证，下同)、上半月银行存款凭证科目汇总表、下半月银行存款凭证科目汇总表、上半月转账凭证科目汇总表、下半月转账凭证科目汇总表的顺序自上而下地排列，加上封皮，装订成一册。

(2)加编记账凭证总号。总号自第1号起用阿拉伯数字加编，在每一张记账凭证上(不分收、付、转凭证)加编一个总号。总号表示记账凭证的总数，采用分数编号法编写的记账凭证应当加编连续总号。总号加编完毕，在最后一张记账凭证的右上角写一个"全"字。

五、会计凭证装订技巧

会计凭证一般每月装订一次，装订好的凭证按年分月妥善保管和归档。

账数号	本月共　　册					
	本月第　　册					

会 计 凭 证 封 面

自　　年　　月　　日起至　　月　　日止

记账凭证种类	凭　单　起　讫　号　数			附原始凭证张数
收 款 凭 证	共　　张自第	号至第	号	共　　张
付 款 凭 证	共　　张自第	号至第	号	共　　张
转 账 凭 证	共　　张自第	号至第	号	共　　张
记 账 凭 证	共　　张自第	号至第	号	共　　张
备　　　注				

20　　年　　月　　日装订

会计主管人员：　　　　　　复核：　　　　　　装订员：

1. 装订要求

(1)整齐、美观、牢固。凭证厚度一般为 1.5 厘米，最多不超过 3 厘米。如果本月凭证过多，可装订为多本。

(2)银行对账单、银行存款余额调节表不是原始凭证，但属于重要的会计资料，要单独装订保存。

(3)凭证中不能有大头针、曲别针、订书钉等金属物。

(4)写好凭证封面、单位名称、年度、月份、凭证种类(收、付、转)、起始日期、起始号数。

(5)线绳结要打在凭证背面。

2. 装订方法

(1)左侧打孔装订：距左边沿 1.5 厘米处均匀打 2 个孔或 3 个孔，穿好线绳，在背面打结系紧后，剪掉多余绳头，用胶水粘好封皮。

① 将凭证向左上角磕齐后打孔　　　　　　③ 用线绳订好

③ 将结打在背面，用纸条封好盖

(2)左上角打孔装订：分别距左边沿、上边沿1.5厘米各打1孔，然后穿线装订。

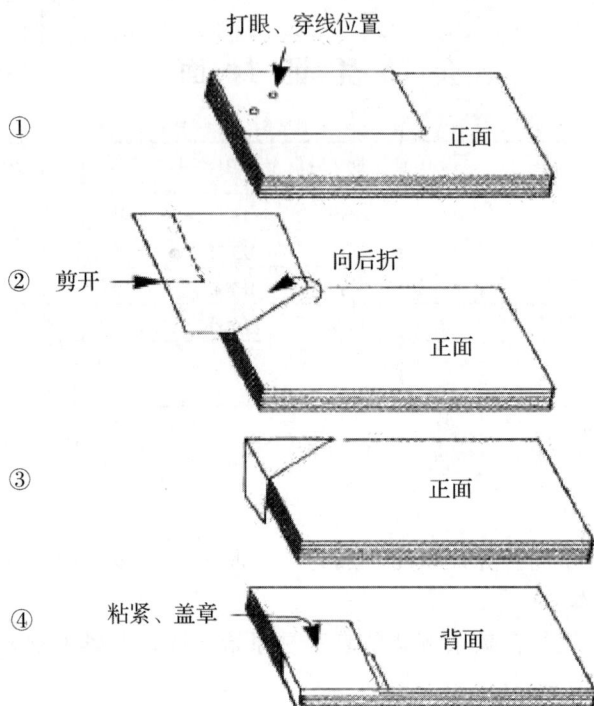

打眼、穿线位置

① 正面

② 剪开 → 向后折 正面

③ 正面

④ 粘紧、盖章 背面

第三部分　会计基础综合实训

资料一　综合实训指导书

一、综合实训企业概况

1. 基本情况

企业名称：北京逸龙科技贸易有限责任公司（以下简称"北京逸龙公司"）

地　　址：北京市东城区王府井大街 50 号　　电话：13601175053

邮　　编：100006

法人代表：陈长锋

开户银行：中国工商银行北京分行（基本存款户）

账　　号：01055884421

税务登记号：112588003085582

记账本位币：人民币（RMB）

财务主管：王伟

2. 有关资料

有关资料见表 1、表 2。

表 1　公司职员资料

职员编号	职员名称	担任职务	所属部门
001	陈长锋	总经理	公司办公室
002	邵勤	办公室主任	公司办公室
003	张辉	办公室科员	公司办公室
004	王伟	财务部经理	财务部
005	李文	主管会计	财务部
006	顾华	审核	财务部
007	张阳	出纳	财务部
008	赵娟	供应部经理	供应部
009	文宇	仓库负责人	供应部
010	刘培	采购员	供应部

续表

职员编号	职员名称	担任职务	所属部门
011	韩汐	生产部经理	生产部
012	吴艳	生产部职员	生产部
013	曾萍	销售部经理	销售部
014	朱斌	销售部职员	销售部
015	其他职员	略	略

表 2　客户往来资料

编号	单位名称	开户银行	账　号	税务登记号	电　话
001	北京青云有限责任公司	中国工商银行北京分行	10036875677	115987525512639	18010193564
002	北京万邦股份有限公司	中国工商银行北京分行	10035227111	115547177214235	13126526950
003	北京东城区供电局	中国工商银行北京分行	10036774425	117366453688752	13910832361
004	北京阳光贸易公司	中国工商银行北京分行	10035998468	117547652318821	15046668514
005	北京曙光股份有限公司	中国工商银行北京分行	10036551214	118323231245424	15600770925

二、企业账务处理程序

北京逸龙公司采用科目汇总表账务处理程序,具体做法:平时发生业务时,只登记日记账和明细账,不登记总账。月中(15 日),将上半月(1—15 日)发生业务时所填写的记账凭证按照会计科目汇总,打工作底稿,依据工作底稿编制科目汇总表一,然后再依据科目汇总表一登记各总分类账;月末(30 日或者 31 日),将下半月(16 日—月底)发生业务时所填写的记账凭证按照会计科目汇总,打工作底稿,依据工作底稿编制科目汇总表二,然后再依据科目汇总表二登记各总分类账;最后,根据账簿数据填制会计报表。企业具体账务处理程序,如图 1 所示。

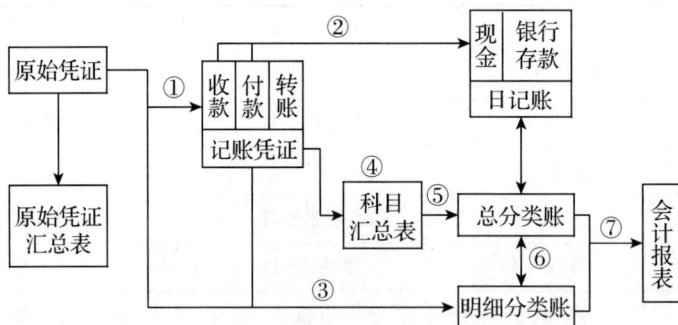

图 1　科目汇表核算形式的账务处理程序

三、综合实训的目的与要求

1. 实训目的

综合实训的目的是对会计实务中的各种原始凭证、记账凭证的填写和编制、不同格式账簿的登记和结账、会计报表的编制等一系列的会计基础工作，有一个系统、全面的认识，培养会计实务的基本操作能力，为进一步学习财务会计打下坚实的基础。

2. 实训要求

(1)了解有关法规、制度、基础规范。

(2)掌握记账凭证和科目汇总表会计核算程序、科目汇总表的编制方法。

(3)按规定处理经济业务。

(4)按指导教师要求的进度完成会计实训任务。

(5)学生自备收款凭证 10 张、付款凭证 15 张、转账凭证 35 张。

四、实训程序

本实训是以北京逸龙公司的经济业务为对象，进行企业的会计核算；从材料采购、入库、产品生产、产品销售到利润的形成和分配；从原始凭证、记账凭证的填制和审核到各种账簿的登记、核对、结账、会计报表的编制等会计核算全过程的实训。

1. 准备工作

了解有关法规、制度、基础规范及企业的相关资料。

2. 建立账户

根据本实训建账资料中提供的北京逸龙公司 12 月初的账户余额，开设库存现金日记账、银行存款日记账、各种相关的总分类账和明细分类账。

3. 填制和审核原始凭证

根据北京逸龙公司 12 月的各项经济业务，填制和审核各项原始凭证。

4. 编制并审核记账凭证

根据审核无误的原始凭证，对每笔经济业务分类编制收款凭证、付款凭证和转账凭证，并将原始凭证附于记账凭证之后。

5. 登记账簿

对库存现金日记账、银行存款日记账和有关明细分类账，应在业务发生时根据原始凭证或记账凭证进行登记；对各有关总分类账，应分别在月中及月末根据科目汇总表登记。

6. 对账和结账

月末结出各类账户本期发生额、累计发生额及期末余额，将总分类账簿、明细分类账簿、日记账簿中的相关内容进行核对，并按权责发生制的要求计算、结转损益。

7. 编制会计报表

根据账簿记录编制资产负债表、利润表和现金流量表。

8. 装订凭证、账簿、报表

月末将收款凭证、付款凭证和转账凭证分别按序号排列，折叠整齐，加具封面，装订成册。同时，还应将日记账、总分类账、明细分类账及会计报表分别加具封面，装订成册。

五、建账有关资料

1. 北京逸龙公司 2023 年 12 月初账户余额及账页格式(见表 3)

表 3   账户余额及账页格式   单位：元

科目编号	总账科目	明细科目	余额		账页格式
			借	贷	
1001	库存现金		6 450		三栏式日记账
1002	银行存款		218 475		三栏式日记账
1122	应收账款		12 800		三栏式
112201		北京阳光贸易公司	10 000		三栏式
112202		北京曙光股份有限公司	2 800		三栏式
1123	预付账款	某保险公司	80		三栏式
1221	其他应收款	某某	70		三栏式
1402	在途物资		0		三栏式
140201		甲材料	0		横线登记式
140202		乙材料	0		横线登记式
1403	原材料		96 000		三栏式
140301		甲材料	90 000		数量金额式
140302		乙材料	6 000		数量金额式
1405	库存商品		65 000		三栏式
140501		A 产品	60 000		数量金额式
140502		B 产品	5 000		数量金额式
1601	固定资产		293 125		三栏式
1602	累计折旧			74 540	三栏式
1901	待处理财产损溢		0		三栏式
2001	短期借款			50 000	三栏式
2201	应付票据			70	三栏式
2202	应付账款			218 000	三栏式
220201		北京青云有限责任公司		200 000	三栏式
220202		北京万邦股份有限公司		18 000	三栏式
2211	应付职工薪酬			6 000	三栏式
2221	应交税费			8 000	三栏式
222101		应交增值税(销项税额)		3 000	多栏式
222102		应交所得税		5 000	三栏式
2232	应付利息			390	三栏式
4001	实收资本			260 000	三栏式

续表

科目编号	总账科目	明细科目	借	贷	页格式
			余	额	
4002	资本公积			14 500	三栏式
4101	盈余公积			20 000	三栏式
4103	本年利润			38 500	三栏式
4104	利润分配	未分配利润		60 000	三栏式
5001	生产成本		58 000		三栏式
500101		A产品	50 000		多栏式
500102		B产品	8 000		多栏式
5002	制造费用		0		三栏式
6401	主营业务成本		0		三栏式
640101		A产品	0		多栏式
640102		B产品	0		多栏式
6601	销售费用		0		三栏式
6602	管理费用		0		三栏式
6603	财务费用		0		三栏式
6801	所得税费用		0		三栏式
6001	主营业务收入			0	三栏式
600101		A产品		0	多栏式
600102		B产品		0	多栏式
合 计			750 000	750 000	

2. 北京逸龙公司 2023 年 12 月初"原材料"明细账户余额(见表 4)

表 4 "原材料"明细账户余额

材料名称	数 量	单价/元	金额/元
甲材料	4 500	20	90 000
乙材料	1 500	4	6 000

3. 北京逸龙公司 2023 年 12 月初"库存商品"明细账户余额(见表 5)

表 5 "库存商品"明细账户余额

产品名称	数 量	单价/元	金额/元
A产品	200	300	60 000
B产品	100	50	5 000

4. 北京逸龙公司 2023 年 12 月初"生产成本"明细账户余额(见表 6)

表 6 "生产成本"明细账户余额 单元：元

产品名称	直接材料	直接人工	制造费用	合 计
A 产品	21 000	19 000	10 000	50 000
B 产品	4 800	2 200	1 000	8 000

六、2023 年 12 月企业发生的经济业务

业务 1 12 月 1 日，向北京青云有限责任公司购入甲材料 200 千克，单价为 20 元，货款为 4 000 元，增值税进项税额为 520 元。材料已验收入库，款项尚未支付。

要求：填制收料单 1 张，编制记账凭证，登记有关明细账。

业务 2 12 月 2 日，以 565 元现金购入管理部门用办公用品。

要求：编制记账凭证，并登记有关日记账及明细账。

业务 3 12 月 3 日，生产领用原材料，共计 14 000 元。原材料领用情况见表 7。

表 7 原材料领用情况

用 途	材料名称	领用数量/千克	单位成本/元	金额/元	领料人
生产 A 产品	甲材料	500	20	10 000	吴艳
生产 B 产品	乙材料	1 000	4	4 000	韩汐

要求：填制领料单 2 张，并据以登记有关明细账；结转甲、乙材料领用成本。

业务 4 12 月 4 日，北京阳光贸易公司还货款 5 000 元，收到转账支票存入银行。

要求：填制转账支票和银行进账单各 1 张，编制记账凭证，并据以登记有关日记账和明细账。

业务 5 12 月 5 日，以现金支付邵勤出差借款 1 000 元。

要求：填制借款单，编制记账凭证，登记有关日记账和明细账。

业务 6 12 月 7 日，向银行借入短期借款 20 000 元。

要求：填制中国工商银行借款单，编制记账凭证，登记有关日记账和明细账。

业务 7 12 月 8 日，销售给北京阳光贸易公司 A 产品 50 件，单位成本为 300 元，每件销售价格为 500 元，货款为 25 000 元，增值税额为 3 250 元，货款和增值税尚未收到。

要求：开出增值税专用发票，填制产品出库单，售出商品成本于月末结转，编制记账凭证，登记相关明细账。

业务 8 12 月 9 日，从银行提取 18 031 元现金，准备发放工资。

要求：填制现金支票 1 张，编制记账凭证，并登记日记账。

业务 9 12 月 9 日，以现金发放本月职工工资 18 031 元。

要求：编制记账凭证，并登记相关日记账和明细账。

业务 10　12 月 10 日，向北京万邦股份有限公司购入乙材料 2 000 千克，单价为 4 元，货款为 8 000 元，增值税进项税额为 1 040 元。材料已验收入库，开出期限为 2 个月、金额为 9 040 元的商业承兑汇票。

要求：签发商业承兑汇票，填制收料单，编制记账凭证，并登记相关明细账。

业务 11　12 月 11 日，开出转账支票 1 张，归还前欠北京青云有限责任公司货款 50 000 元。

要求：签发转账支票 1 张，编制记账凭证，并登记相关日记账和明细账。

业务 12　12 月 12 日，从北京青云有限责任公司购入甲材料 500 千克，单价为 20 元，价款为 10 000 元，增值税进项税额为 1 300 元；购进乙材料 1 000 千克，单价为 4 元，价款为 4 000 元；增值税进项税额为 520 元；运杂费为 150 元(两种材料共同负担的运费按材料重量比率分配)。材料已验收入库，货款、增值税进项税额及运费均以银行存款付讫。

要求：编制运费分配计算表，填制收料单，编制记账凭证，登记相关日记账和明细账。

业务 13　12 月 13 日，收到外单位投资转入的全新戴尔计算机 1 台，价值为 15 000 元，预计使用 10 年；验收后移交给财务部使用。

要求：填制固定资产移交验收单 1 张，并编制记账凭证 1 张，登记相关明细账。

业务 14　12 月 14 日，生产产品领用原材料，共计 15 200 元。

要求：填制领料单 2 张，填制记账凭证，并据以登记相关明细账。原材料领用情况见表 8。

表 8　原材料领用情况表

用　途	材料名称	领用数量/千克	单位成本/元	金额/元	领料人
生产 A 产品	甲材料	600	20	12 000	吴艳
生产 B 产品	乙材料	800	4	3 200	韩汐

业务 15　12 月 15 日，销售给北京曙光股份有限公司 B 产品 50 件，单位成本为 50 元，每件售价为 70 元，货款为 3 500 元，增值税销项税额为 455 元。当即收到对方支票 1 张，金额为 3 955 元。

要求：填写银行进账单，开出增值税专用发票，填制产品出库单，填制记账凭证，并据以登记相关日记账和明细账，产品销售成本月末结转。

业务 16　12 月 15 日，将 1—15 日发生的所有业务所填制的记账凭证，根据会计科目进行汇总，打工作底稿(登记"T"型账户)，编制科目汇总表一，并据以登记各总分类账。

业务 17　12 月 16 日，从北京青云有限责任公司购入不需要安装的设备 1 台，设备价款为 20 000 元，增值税额为 2 600 元，对方垫付运杂费 1 000 元。款项用转账支票支付。

要求：签发转账支票、货运收费发票及固定资产验收单各 1 张，编制记账凭证，并登记相关日记账和明细账。

业务 18　12 月 17 日，职工邵勤出差回来，实报差旅费 824 元，并退还多余现金 176 元。

要求：编制记账凭证，登记相关日记账和明细账。

业务 19 12月18日，收到银行付款通知单，代付企业本月电费2 500元，增值税额为325元。其中，车间负担1 500元，管理部门负担1 000元。

要求：根据北京市供电局收费单据，填制银行付款通知，编制记账凭证，登记相关日记账和明细账。

业务 20 12月19日，经盘点实物发现甲材料盘亏50千克，价值为1 000元；库存商品A产品毁损5件，价值为1 500元。会计部门根据盘点结果调整有关存货账簿记录。

要求：填制财产清查报告单1张，编制记账凭证，并登记相关明细账。

业务 21 12月31日，结转本月已销售产品的成本。

要求：根据产品出库单编制已销产品成本计算表，编制记账凭证，结转销售产品成本，登记相关明细账。

业务 22 12月31日，分配本月工资18 031元。其中，生产工人工资10 000元，车间技术和管理人员工资3 000元，企业销售部门人员工资3 000元，企业行政管理人员工资2 031元。生产工人工资按A、B产品工时比例进行分配，A产品耗用800工时，B产品耗用1 200工时。

要求：编制工资费用分配表和记账凭证，并登记相关明细账。

业务 23 12月31日，计提固定资产折旧1 570元。其中，车间固定资产折旧1 120元，管理部门固定资产折旧450元。

要求：根据固定资产分类折旧计算表，编制记账凭证，并登记相关明细账。

业务 24 12月31日，支付第四季度(共3个月)的银行借款利息，共计585元。其中，10月和11月利息已经预提。

要求：编制记账凭证，并登记相关日记账和明细账。

业务 25 12月31日，根据业务20盘点结果，甲材料盘亏1 000元，经查系计量不准确造成；库存商品A毁损1 500元，系下暴雨仓库漏雨造成，保险公司同意赔偿1 000元，保管员张明工作不力，应承担损失500元。

要求：根据存货盘亏(盈)处理通知单，编制记账凭证，并登记相关明细账。

业务 26 12月31日，摊销本月生产部门应负担的财产保险费80元。该款项之前已经支付。

要求：编制记账凭证，并登记相关明细账。

业务 27 12月31日，编制制造费用分配表，将本月制造费用如数转入"生产成本"账户。

要求：根据制造费用明细账资料，编制制造费用分配表、记账凭证，并登记相关明细账。

业务 28 12月31日，根据产品成本明细账资料，编制完工产品成本计算汇总表，结转本月完工产品成本。本月A产品完工200件，B产品完工190件。详见表9完工产品成本明细表。

表 9　完工产品具体情况　　　　　　　　单位：元

产品名称	直接材料	直接人工	制造费用	合　计	单位成本
A 产品	30 000	18 000	12 000	60 000	300
B 产品	4 500	2 100	2 900	9 500	50

要求：根据完工产品成本计算汇总表，填制产品入库单，并编制记账凭证，结转完工产品成本，登记相关明细账。

业务 29　12 月 31 日，将各损益类账户余额结转到"本年利润"账户。

要求：编制记账凭证，登记相关明细账。

业务 30　12 月 31 日，根据本月利润总额，按 25％的所得税率计算并结转应交所得税。

要求：编制记账凭证，登记相关明细账。

业务 31　12 月 31 日，将本年度（包括前 11 个月及 12 月）实现的税后净利润结转至"利润分配——未分配利润"账户。

要求：编制记账凭证，登记相关明细账。

业务 32　12 月 31 日，按当年实现的税后利润的 10％提取法定盈余公积金，按 5％提取任意盈余公积金。

要求：编制记账凭证，登记相关明细账。

业务 33　12 月 31 日，按年末可供分配利润的 50％向投资者分配股利。

要求：编制记账凭证，登记相关明细账。

业务 34　12 月 31 日，将"利润分配"的各明细账户余额转入"利润分配——未分配利润"账户。

要求：编制记账凭证，登记相关明细账。

业务 35　12 月 31 日，将 16—31 日发生的所有业务所填制的记账凭证，根据会计科目进行汇总，打工作底稿（登记"T"型账户），编制科目汇总表二，并据以登记各总分类账。

业务 36　12 月 31 日，结出各账户期末余额，编制本月的资产负债表、利润表。

资料二　经济业务发生的凭证、账簿、报表

业务 1-1

北京增值税专用发票

全国统一发票监制章
北　京
国家税务总局监制

1100062640　　　　　　　　　　　　　　　　　　　　　　　№ 02052507

开票日期：2023 年 12 月 1 日

第三联　发票联　购买方记账凭证

购买方	名　　　称：北京逸龙科技贸易有限责任公司								密码区
	纳税人识别号：112588003085582								
	地 址 、电话：北京市东城区王府井大街 50 号 13601175053								
	开户行及账号：中国工商银行北京分行 01055884421								

货物或应税劳务、服务名称	规格型号	单位	数量	单价	金额	税率	税额
甲材料		千克	200	20	4 000.00	13％	520.00
合　　计					4 000.00		520.00

价税合计（大写）	肆仟伍佰贰拾元整	（小写）¥4 520.00

销售方	名　　　称：北京青云有限责任公司	备注
	纳税人识别号：115987525512639	
	地 址 、电话：北京朝阳北路 1 号 18010193564	
	开户行及账号：中国工商银行北京分行 10036875677	

收款人：　　　　复核：　　　　开票人：　　　　销售方（章）：

业务 1-2

收　料　单

供货单位：　　　　　　　　　　年　月　日

材料编号	材料规格及名称	计量单位	数量		金额	
			应收	实收	单价	金额
备注					合　计	

仓库负责人：　　　　记账：　　　　仓库保管员：　　　　收料：

业务 2

北京增值税专用发票

1100062660

全国统一发票监制章
北　京
国家税务总局监制

№ 02052508

开票日期：2023 年 12 月 2 日

<table>
<tr><td rowspan="4">购买方</td><td colspan="2">名　　　称：北京逸龙科技贸易有限责任公司</td><td rowspan="4">密码区</td></tr>
<tr><td colspan="2">纳税人识别号：112588003085582</td></tr>
<tr><td colspan="2">地址、电话：北京市东城区王府井大街 50 号 13601175053</td></tr>
<tr><td colspan="2">开户行及账号：中国工商银行北京分行 01055884421</td></tr>
</table>

货物或应税劳务、服务名称	规格型号	单位	数量	单价	金额	税率	税额
办公用品		件	1	500	500.00	13％	65.00
合　计					500.00		65.00

价税合计（大写）	伍佰陆拾伍元整	（小写）￥565.00

<table>
<tr><td rowspan="4">销售方</td><td colspan="2">名　　　称：北京青云有限责任公司</td><td rowspan="4">备注</td></tr>
<tr><td colspan="2">纳税人识别号：115987567512639</td></tr>
<tr><td colspan="2">地址、电话：北京大光路 31 号 13901121557</td></tr>
<tr><td colspan="2">开户行及账号：中国工商银行北京分行 10256875677</td></tr>
</table>

收款人：　　　　　复核：　　　　　开票人：　　　　　销售方（章）：

第三联　发票联　购买方记账凭证

业务 3

领　料　单

领料单位：　　　　　　　　　　年　月　日

材料编号	材料名称	规格	单位	请领数量	实发数量	金额	
						单价	金额

用途		领料部门		发料部门	
		负责人	领料人	核准人	发料人

领　料　单

领料单位：　　　　　　　　　　年　月　日

材料编号	材料名称	规格	单位	请领数量	实发数量	金额	
						单价	金额

用途		领料部门		发料部门	
		负责人	领料人	核准人	发料人

业务 4-1

中国工商银行 转账支票存根 № 01232150 科　目 ＿＿＿＿＿＿ 对方科目 ＿＿＿＿＿ 出票日期　年　月　日 收款人： 金　额： 用　途： 单位主管：　会计：	本支票付款期限十天

中国工商银行　**转账支票** 京　　　№　01232150

出票日期(大写)　　年　月　日　　　　付款行名称：
收款人：　　　　　　　　　　　　　出票人账号：

人民币 (大写)		亿	千	百	十	万	千	百	十	元	角	分

用途 ＿＿＿＿＿　　　　　科目(借) ＿＿＿＿＿　　支付密码
上列款项请从我账户内支付　对方科目(贷) ＿＿＿＿＿
出票人签章　　　　　　　转账日期　年　月　日
　　　　　　　　　　　　出纳　复核　记账

业务 4-2

中国工商银行进账单
年　月　日　　　　　　　　　　　**1**

付款人	全　称		收款人	全　称	
	账　号			账　号	
	开户银行			开户银行	

人民币 (大写)		千	百	十	万	千	百	十	元	角	分
票据种类											
票据张数											

单位主管：　会计：　复核：　记账：　　　　收款人开户银行盖章

投资人开户银行给收款人的回单

业务 5

差旅费借款单
年　月　日

单　位		姓　名		审　批	
项　目	借款事由		备注		
	部门领导				
	借款形式	现　金			
		银行存款			
	借款金额	人民币(大写)			

业务 6

中国工商银行借款凭证

单位编号：　　　　　　　　　日期：　年　月　日　　　　　　　银行编号：

<table>
<tr><td rowspan="3">收款单位</td><td>名　　称</td><td colspan="2"></td><td rowspan="3">付款单位</td><td>名　　称</td><td colspan="2"></td></tr>
<tr><td>往来账户号</td><td colspan="2"></td><td>往来账户号</td><td colspan="2"></td></tr>
<tr><td>开 户 银 行</td><td colspan="2"></td><td>开 户 银 行</td><td colspan="2"></td></tr>
<tr><td>借款期限
（最后还款日）</td><td>2024 年 2 月 7 日</td><td>利率10％</td><td colspan="2">起息日期</td><td colspan="2">2023 年 12 月 7 日</td></tr>
<tr><td>借款申请金额</td><td colspan="4">人民币（大写）：</td><td colspan="2">千百十万千百十元角分</td></tr>
<tr><td>借款原因及用途</td><td colspan="2"></td><td colspan="2">银行核定金额</td><td colspan="2">千百十万千百十元角分</td></tr>
<tr><td colspan="2"></td><td colspan="5">上述借款已同意贷给并转入你单位往来账户，借款到期时
应按期归还　　此致
借款单位：北京逸龙科技有限责任公司
（银行盖章）　2023 年 12 月 7 日</td></tr>
</table>

业务 7-1

北京增值税专用发票

全国统一发票监制章
北　京
国家税务总局监制

1100062650　　　　　　　　　　　　　　　　　　　№ 02053508

　　　　　　　　　　　　　　　　　　　　　　　开票日期：　年　月　日

<table>
<tr><td rowspan="5">购买方</td><td>名　　　　称：</td><td></td><td rowspan="5">密码区</td><td></td></tr>
<tr><td>纳税人识别号：</td><td></td><td></td></tr>
<tr><td>地 址 、电 话：</td><td></td><td></td></tr>
<tr><td>开户行及账号：</td><td></td><td></td></tr>
<tr><td colspan="3"></td></tr>
<tr><td colspan="2">货物或应税劳务、服务名称</td><td>规格型号</td><td>单位</td><td>数量</td><td>单价</td><td>金额</td><td>税率</td><td>税额</td></tr>
</table>

（表格续：合计、价税合计（大写）、（小写）¥、销售方信息）

第三联　发票联　购买方记账凭证

收款人：　　　　复核：　　　　开票人：　　　　销售方（章）：

业务 7-2

产品出库单

年 月 日

产品名称	单 位	数 量	单位成本	总 成 本										用途或原因
				百	十	万	千	百	十	元	角	分		

仓库主管: 保管员: 会计: 经手人:

业务 8

中国工商银行
转账支票存根(赣)
№ 0002054

科 目＿＿＿＿＿＿
对方科目＿＿＿＿＿＿
出票日期 年 月 日

收款人:
金 额:
用 途:
备 注:

单位主管: 会计:

本支票付款期限十天

中国工商银行 现金支票(赣) №0002054

出票日期(大写) 年 月 日　　付款行名称:
收款人:　　　　　　　　　　　　出票人账号:

人民币 (大写)				千	百	十	万	千	百	十	元	角	分

用途＿＿＿＿＿＿
上列款项请从我账户内支付
出票人签章

科目(借)＿＿＿＿＿
对方科目(贷)＿＿＿＿＿
付讫日期 年 月 日
出纳 复核 记账

贴对号单处

业务 9

职工工资发放汇总表

年 月 日

车 间 部 门	实 发 工 资
生产工人工资	10 000
车间技术和管理人员工资	3 000
销售人员工资	3 000
行政管理部门人员工资	2 031
合 计	18 031

业务 10-1

商业承兑汇票
年　月　日

付款人	全　称		收款人	全　称			
	账　号			账　号			
	开户银行			开户银行		行号	
汇票金额	人民币 （大写）				千百十万千百十元角分		
汇票日期		年　月　日	交易合同号				
备　注							

业务 10-2

收　料　单

供货单位：　　　　　　　　　　　年　月　日

材料编号	材料规格及名称	计量单位	数　量		金　额（元）	
			应收	实收	单价	金额
备注				合　计		

仓库负责人：　　　　　记账：　　　　　仓库保管员：　　　　　收料：

业务 10-3

北京增值税专用发票

1100062670　　全国统一发票监制章　北京　国家税务总局监制　　　№ 02053509

开票日期：2023 年 12 月 10 日

购买方	名　　称：北京逸龙科技贸易有限责任公司 纳税人识别号：112588003085582 地址、电话：北京市东城区王府井大街 50 号 13601175053 开户行及账号：中国工商银行北京分行 01055884421				密码区		
货物或应税劳务、服务名称	规格型号	单位	数量	单价	金额	税率	税额
乙材料		千克	2 000	4.00	8 000.00	13%	1 040.00
合　计					8 000.00		1 040.00
价税合计（大写）	玖仟零肆拾元整				（小写）￥ 9 040.00		
销售方	名　　称：北京万邦股份有限公司 纳税人识别号：112588003081111 地址、电话：北京市东城区王府井大街 150 号 13126526950 开户行及账号：中国工商银行北京分行 10035227111				备注		

收款人：　　　　　复核：　　　　　开票人：　　　　　销售方（章）：

第三联　发票联　购买方记账凭证

业务 11

中国工商银行	
转账支票存根	
№ 0223220	

中国工商银行 转账支票 京	№ 0223220

转账支票存根侧:

科　　目 ＿＿＿＿＿＿＿

对方科目 ＿＿＿＿＿＿＿

出票日期　　年　月　日

收款人：

金　额：

用　途：

单位主管：　　会计：

本支票付款期限十天

转账支票侧:

出票日期(大写)　　年　月　日　　付款行名称：

收款人：　　　　　　　　　　出票人账号：

人民币 (大写)	亿	千	百	十	万	千	百	十	元	角	分

用途 ＿＿＿＿＿　　　　科目(借) ＿＿＿＿＿　　　支付密码

上列款项请从我账户内支付　对方科目(贷) ＿＿＿＿＿

出票人签章　　　　　　　　转账日期　年　月　日

出纳　　复核　　记账

业务 12-1

北京增值税专用发票

全国统一发票监制章

北京

国家税务总局监制

1100062648　　　　　　　　　　　　　　　　　　　　№ 02052587

开票日期：2023 年 12 月 12 日

购买方	名　　称：北京逸龙科技贸易有限责任公司	密码区
	纳税人识别号：112588003085582	
	地址、电话：北京市东城区王府井大街 50 号 13601175053	
	开户行及账号：中国工商银行北京分行 01055884421	

货物或应税劳务、服务名称	规格型号	单位	数量	单价	金额	税率	税额
甲材料		千克	500	20	10 000.00	13%	1 300.00
乙材料		千克	1 000	4	4 000.00	13%	520.00
合　计					14 000.00		1 820.00

价税合计(大写)	壹万伍仟捌佰贰拾元整	(小写)￥15 820.00

销售方	名　　称：北京青云有限责任公司	备注
	纳税人识别号：115987525512639	
	地址、电话：北京朝阳北路 1 号 18101093564	
	开户行及账号：中国工商银行北京分行 10036875677	

收款人：　　　　复核：　　　　开票人：　　　　销售方(章)：

第三联 发票联 购买方记账凭证

业务 12-2

运费分配计算表

年 月 日

项 目	分 配 标 准	分 配 率	分 配 金 额

业务 12-3

收 料 单

供货单位： 年 月 日

材料编号	材料规格及名称	计量单位	数 量		金 额	
			应收	实收	单价	金额
备注					合 计	

仓库负责人： 记账： 仓库保管员： 收料：

业务 13

固定资产移交验收单

年 月 日

名称	规格型号	单位	数量	设备价款	预计使用年限	使用部门
备注						

单位主管： 制单：

业务 14

领 料 单

领料单位：　　　　　　　　　　　年　月　日

材料编号	材料名称	规 格	单 位	请领数量	实发数量	金 额	
						单价	金额
用途			领料部门			发料部门	
			负责人	领料人		核准人	发料人

领 料 单

领料单位：　　　　　　　　　　　年　月　日

材料编号	材料名称	规 格	单 位	请领数量	实发数量	金 额	
						单价	金额
用途			领料部门			发料部门	
			负责人	领料人		核准人	发料人

业务 15-1

中国工商银行进账单(收账通知)

年　月　日　　　　　　　　　　1

付款人	全 称		收款人	全 称	
	账 号			账 号	
	开户银行			开户银行	
人民币(大写)				千百十万千百十元角分	
票据种类					
票据张数					
单位主管：　　会计：　　复核：　　记账：				收款人开户银行盖章	

业务 15-2

北京增值税专用发票

全国统一发票监制章
北京
国家税务总局监制

1100062680

№ 02053510

开票日期： 年 月 日

购买方	名　　　　称：				密码区				
	纳税人识别号：								
	地　址、电话：								
	开户行及账号：								

货物或应税劳务、服务名称	规格型号	单位	数量	单价	金额	税率	税额
合　　计							

价税合计(大写)		(小写)¥

销售方	名　　　　称：		备注
	纳税人识别号：		
	地址、电话：		
	开户行及账号：		

收款人：　　　　　　复核：　　　　　　开票人：　　　　　　销售方(章)：

第三联 发票联 购买方记账凭证

业务 15-3

产品出库单
年 月 日

产品名称	单　位	数　量	单位成本	总　成　本									用途或原因
				百	十	万	千	百	十	元	角	分	

仓库主管：　　　　　保管员：　　　　　会计：　　　　　经手人：

业务 16

科目汇总表一

年 月 日

会 计 科 目	总页	借 方 金 额											贷 方 金 额										
		千	百	十	万	千	百	十	元	角	分		千	百	十	万	千	百	十	元	角	分
合 计																						

业务 17-1

北京增值税专用发票

1100062645

№ 02052511

开票日期：2023 年 12 月 16 日

购买方	名　　　称：北京逸龙科技贸易有限责任公司 纳税人识别号：112588003085582 地 址 、电 话：北京市东城区王府井大街 50 号 13601175053 开户行及账号：中国工商银行北京分行 01055884421					密码区		

货物或应税劳务、服务名称	规格型号	单位	数量	单价	金额	税率	税额
生产设备		台	1	20 000	20 000.00	13％	2 600.00
合　　　计					20 000.00		2 600.00

价税合计（大写）	贰万贰仟陆佰元整	（小写）￥22 600.00

销售方	名　　　称：北京青云有限责任公司 纳税人识别号：115987525512639 地 址 、电 话：北京朝阳北路 1 号 18010193564 开户行及账号：中国工商银行北京分行 10036875677	备注

收款人：　　　　　复核：　　　　　开票人：　　　　　销售方（章）：

业务 17-2

北京公路货运收费发票

年　月　日

托运单位		受理单位		受理编号									
发货地点		承运单位		运输公司									
卸货地点		计费里程											

名　　称	件数	包装	规格	托运重量	货物等级	计费运输量		费　率			金　额							
						运量	周转量	空驶费率	运价率	比价率	万	千	百	十	元	角	分
合计金额（大写）						合　计											

业务 17-3

中国工商银行 转账支票存根 № 0223221 科　　目_____ 对方科目_____ 出票日期　年　月　日 收款人： 金　额： 用　途： 单位主管：　　会计：	本支票付款期限十天

中 国 工 商 银 行　**转账支票**京　　　№ 0223221

出票日期(大写)　　年　月　日　　　　付款行名称：
收款人：　　　　　　　　　　　　　　出票人账号：

人民币 (大写)	亿	千	百	十	万	千	百	十	元	角	分

用途_____

上列款项请从我账户内支付
出票人签章

北京逸龙科技贸易有限责任公司
发票专用章

科目(借)_____　　支付密码
对方科目(贷)_____　□□□□□□
转账日期　年　月　日
出纳　　复核　　记账

陈长锋章

业务 17-4

固定资产移交验收单

年　月　日

名称	规格型号	单位	数量	设备价款	预计使用年限	使用部门
备注						

单位主管：　　　　　　　　　　　　制单：

业务 18

差旅费报销单

2023 年 12 月 18 日

出差人		邵勤		事由	开会	自 12 月 5 日起 至 12 月 17 日止		共 13 天		

出发时间				到达时间				火车票	飞机票	市内车费	轮船费	住宿费	其他	会议费	住宿费			合计
月	日	时	地点	月	日	时	地点								天数	标准	金额	
12	5	12	北京	12	6	7	南京	300		24		300		200				824
合计(大写)：捌佰贰拾肆元整																		824

单位负责人：陈长锋　　　　部门负责人：邵勤　　　　复核：顾华　　　　报销人：邵勤

业务 19-1

北京增值税专用发票

1100062646　　　　　　　　　　　　　　　　　　　　　　№ 02052512

全国统一发票监制章
北京
国家税务总局监制

开票日期：2023 年 12 月 18 日

购买方	名　　　称：北京逸龙科技贸易有限责任公司						密码区	
	纳税人识别号：112588003085582							
	地址、电话：北京市东城区王府井大街 50 号 13601175053							
	开户行及账号：中国工商银行北京分行 01055884421							

货物或应税劳务、服务名称	规格型号	单位	数量	单价	金额	税率	税额
电		度	5 000	0.5	2 500.00	13％	325.00
合　　计					2 500.00		325.00

价税合计（大写）	壹仟捌佰贰拾伍元整	（小写）￥2 825.00

销售方	名　　　称：北京市东城区供电局			备注
	纳税人识别号：117366453688752			
	地址、电话：北京东城区大光路 23 号 13910832361			
	开户行及账号：中国工商银行北京分行 10036774425			

收款人：　　　　复核：　　　　　开票人：　　　　　销售方（章）：

第三联　发票联　购买方记账凭证

业务 19-2

委托收款凭证（付款通知）　　**4**

同城——电　　　　　委托日期：　年　月　日　　　　付款日期：　年　月　日

付款人	全　　称		收款人	全　　称	
	账　　号			账　　号	
	开户银行			开户银行	

托收金额	人民币（大写）	千	百	十	万	千	百	十	元	角	分

款项内容		委托收款凭证名称		附件单证张数	

备注	中国工商银行北京分行结算专用章	付款注意事项： 1. 根据结算办法，委托收款，在付款期未拒付时，即视同全部同意付款。 2. 如提前付款或多付款，应另写书面通知送银行办理。 3. 如系全部拒付或部分拒付，应在付款期限内另填拒付款理由书，送银行办理。

业务 20

财产清查报告单
年 月 日

类　别	财产名称规格	单　位	单　价	账面数量	实物数量	盘　盈		盘　亏		盈亏原因
						数量	金额	数量	金额	
合　计										

财务：　　　　审批：　　　　主管：　　　　保管使用：　　　　制单：

业务 21

已销产品成本计算表
年 月 日

产品名称	销售数量	单位成本	总成本	备　注
合　计				

制表人：

业务 22

工资费用分配表
年 月 日

应借科目		生产工人工资分配			应付工资	合　计
		生产工时	分配率	分配金额		
生产成本	A产品					
	B产品					
	小　计					
制造费用						
营业费用						
管理费用						
合　计						

制表人：

业务 23

固定资产分类折旧计算表
年　　月　　日

固定资产类别	使用部门	固定资产原值	平均月折旧率	月折旧额
房屋建筑物	生产车间	85 000		255
	行政管理部门	70 000	3‰	210
	小　计	155 000		465
设　备	生产车间	108 125		865
	行政管理部门	30 000	8‰	240
	小　计	138 125		1 105
合　　计		293 125		1 570

业务 25

存货盘亏(盈)处理通知单
2023 年 12 月 31 日

　　经审查甲材料系计量不准确累计形成，作为管理费用；库存商品 A 毁损 1 500 元，系下暴雨仓库漏雨造成，扣除保险公司赔偿 1 000 元，保管员张明应承担 500 元。

　　总经理：陈长锋　　　　会计主管：李文　　　　会计：顾华

业务 27

制造费用分配表

编制单位：加工车间　　　　　　2023 年 12 月 31 日

分配对象	分配标准(实际工时)	分配率	分配金额	备　注
A 产品 B 产品				
合　计				

业务 28

完工产品成本计算汇总表
2023 年 12 月 31 日

成本项目 产品名称	直接材料	直接人工	制造费用	合　计	单位成本
A 产品(200 件)	30 000	18 000	12 000	60 000	300
B 产品(190 件)	4 500	2 100	2 900	9 500	50
合　　计	34 500	20 100	14 900	69 500	

制表人：　　　　　　　　　　　　　审核人：

业务 35

科目汇总表二

年 月 日

会 计 科 目	总页	借 方 金 额										贷 方 金 额									
		千	百	十	万	千	百	十	元	角	分	千	百	十	万	千	百	十	元	角	分
合 计																					

资料三　综合实训用纸

现金日记账

年		凭证号数	对方科目	摘要	√	借方										贷方										余额									
月	日					千	百	十	万	千	百	十	元	角	分	千	百	十	万	千	百	十	元	角	分	千	百	十	万	千	百	十	元	角	分

银行存款日记账

年		凭证号数	对方科目	结算凭证号	摘要	√	借方										贷方										余额									
月	日						千	百	十	万	千	百	十	元	角	分	千	百	十	万	千	百	十	元	角	分	千	百	十	万	千	百	十	元	角	分

在途物资明细账

年		凭证编码	发票号码	供应单位	材料名称	借　方			贷　方
月	日					买价	运杂费	合计	

在途物资明细账

年		凭证编码	发票号码	供应单位	材料名称	借　方			贷　方
月	日					买价	运杂费	合计	

应收账款明细账

购货单位：

年		凭证号数	对方科目	摘 要	√	借 方										贷 方										借贷	余 额									
月	日					千	百	十	万	千	百	十	元	角	分	千	百	十	万	千	百	十	元	角	分		千	百	十	万	千	百	十	元	角	分

应收账款明细账

购货单位：

年		凭证号数	对方科目	摘 要	√	借 方										贷 方										借贷	余 额									
月	日					千	百	十	万	千	百	十	元	角	分	千	百	十	万	千	百	十	元	角	分		千	百	十	万	千	百	十	元	角	分

应收账款明细账

购货单位：

年		凭证号数	对方科目	摘　要	√	借　方										贷　方										借贷	余　额									
月	日					千	百	十	万	千	百	十	元	角	分	千	百	十	万	千	百	十	元	角	分		千	百	十	万	千	百	十	元	角	分

应收账款明细账

购货单位：

年		凭证号数	对方科目	摘　要	√	借　方										贷　方										借贷	余　额									
月	日					千	百	十	万	千	百	十	元	角	分	千	百	十	万	千	百	十	元	角	分		千	百	十	万	千	百	十	元	角	分

应付账款明细账

销货单位：

年		凭证	对方	摘　要	√	借　方										贷　方										借	余　额									
月	日	号数	科目			千	百	十	万	千	百	十	元	角	分	千	百	十	万	千	百	十	元	角	分	贷	千	百	十	万	千	百	十	元	角	分

应付账款明细账

销货单位：

年		凭证	对方	摘　要	√	借　方										贷　方										借	余　额									
月	日	号数	科目			千	百	十	万	千	百	十	元	角	分	千	百	十	万	千	百	十	元	角	分	贷	千	百	十	万	千	百	十	元	角	分

应付账款明细账

销货单位：

年		凭证号数	对方科目	摘　要	√	借　方										贷　方										借贷	余　额									
月	日					千	百	十	万	千	百	十	元	角	分	千	百	十	万	千	百	十	元	角	分		千	百	十	万	千	百	十	元	角	分

应付账款明细账

销货单位：

年		凭证号数	对方科目	摘　要	√	借　方										贷　方										借贷	余　额									
月	日					千	百	十	万	千	百	十	元	角	分	千	百	十	万	千	百	十	元	角	分		千	百	十	万	千	百	十	元	角	分

管理费用明细表

年		凭证编码	摘要	项目								合计
月	日			工资	折旧费	修理费	水电费	办公费	差旅费	劳保费	其他	

制造费用明细表

年		凭证编码	摘要	项目								合计
月	日			工资	折旧费	修理费	保险费	低值易耗品	水电费	办公费	其他	

原材料明细账

材料名称：甲材料

年		凭证编码	摘要	收入		金额									发出		金额									结存		金额								
月	日			数量	单价	十	万	千	百	十	元	角	分	数量	单价	十	万	千	百	十	元	角	分	数量	单价	十	万	千	百	十	元	角	分

原材料明细账

材料名称：乙材料

年		凭证编码	摘要	收入		金额									发出		金额									结存		金额								
月	日			数量	单价	十	万	千	百	十	元	角	分	数量	单价	十	万	千	百	十	元	角	分	数量	单价	十	万	千	百	十	元	角	分

生产成本明细账

产品名称：A产品

| 年 | | 凭证编号 | 摘　要 | 借　方 | | | |
月	日			直接材料	直接人工	制造费用	余　额

生产成本明细账

产品名称：B产品

| 年 | | 凭证编号 | 摘　要 | 借　方 | | | |
月	日			直接材料	直接人工	制造费用	余　额

库存商品明细账

产品名称：A产品

年		凭证编码	摘要	收入			发出			结存		
月	日			数量	单价	金额 十万千百十元角分	数量	单价	金额 十万千百十元角分	数量	单价	金额 十万千百十元角分

库存商品明细账

产品名称：B产品

年		凭证编码	摘要	收入			发出			结存		
月	日			数量	单价	金额 十万千百十元角分	数量	单价	金额 十万千百十元角分	数量	单价	金额 十万千百十元角分

应交税费明细账

年		凭证编码	摘　要	借　方			贷　方				借或贷	余额
月	日			合计	进项税额	已交税金	合计	销项税额	出口退税	进项税额转出		

应交所得税

年		凭证号数	对方科目	摘　要	√	借　方										贷　方										借贷	余　额									
月	日					千	百	十	万	千	百	十	元	角	分	千	百	十	万	千	百	十	元	角	分		千	百	十	万	千	百	十	元	角	分

总 分 类 账

账户名称：　　　　　　　　　　　　　　　　　　　　　　　　第　页

年		凭证		摘　要	对应账户	借　方								贷　方								借或贷	余　额							
月	日	字	号			十	万	千	百	十	元	角	分	十	万	千	百	十	元	角	分		十	万	千	百	十	元	角	分

总 分 类 账

账户名称：　　　　　　　　　　　　　　　　　　　　　　　　第　页

年		凭证		摘　要	对应账户	借　方								贷　方								借或贷	余　额							
月	日	字	号			十	万	千	百	十	元	角	分	十	万	千	百	十	元	角	分		十	万	千	百	十	元	角	分

总 分 类 账

账户名称：　　　　　　　　　　　　　　　　　　　　　　　　第　页

年		凭证		摘　要	对应账户	借　方								贷　方								借或贷	余　额							
月	日	字	号			十	万	千	百	十	元	角	分	十	万	千	百	十	元	角	分		十	万	千	百	十	元	角	分

总 分 类 账

账户名称：   第　页

年		凭证		摘　要	对应账户	借　方								贷　方								借或贷	余　额							
月	日	字	号			十	万	千	百	十	元	角	分	十	万	千	百	十	元	角	分		十	万	千	百	十	元	角	分

总 分 类 账

账户名称：   第　页

年		凭证		摘　要	对应账户	借　方								贷　方								借或贷	余　额							
月	日	字	号			十	万	千	百	十	元	角	分	十	万	千	百	十	元	角	分		十	万	千	百	十	元	角	分

总 分 类 账

账户名称：   第　页

年		凭证		摘　要	对应账户	借　方								贷　方								借或贷	余　额							
月	日	字	号			十	万	千	百	十	元	角	分	十	万	千	百	十	元	角	分		十	万	千	百	十	元	角	分

总 分 类 账

账户名称：　　　　　　　　　　　　　　　　　　　　　　　　　　　　　　　第　　页

年		凭证		摘　要	对应账户	借　方								贷　方								借或贷	余　额							
月	日	字	号			十	万	千	百	十	元	角	分	十	万	千	百	十	元	角	分		十	万	千	百	十	元	角	分

总 分 类 账

账户名称：　　　　　　　　　　　　　　　　　　　　　　　　　　　　　　　第　　页

年		凭证		摘　要	对应账户	借　方								贷　方								借或贷	余　额							
月	日	字	号			十	万	千	百	十	元	角	分	十	万	千	百	十	元	角	分		十	万	千	百	十	元	角	分

总 分 类 账

账户名称：　　　　　　　　　　　　　　　　　　　　　　　　　　　　　　　第　　页

年		凭证		摘　要	对应账户	借　方								贷　方								借或贷	余　额							
月	日	字	号			十	万	千	百	十	元	角	分	十	万	千	百	十	元	角	分		十	万	千	百	十	元	角	分

总 分 类 账

账户名称： 第 页

年		凭证		摘 要	对应账户	借 方								贷 方								借或贷	余 额							
月	日	字	号			十	万	千	百	十	元	角	分	十	万	千	百	十	元	角	分		十	万	千	百	十	元	角	分

总 分 类 账

账户名称： 第 页

年		凭证		摘 要	对应账户	借 方								贷 方								借或贷	余 额							
月	日	字	号			十	万	千	百	十	元	角	分	十	万	千	百	十	元	角	分		十	万	千	百	十	元	角	分

总 分 类 账

账户名称： 第 页

年		凭证		摘 要	对应账户	借 方								贷 方								借或贷	余 额							
月	日	字	号			十	万	千	百	十	元	角	分	十	万	千	百	十	元	角	分		十	万	千	百	十	元	角	分

总 分 类 账

账户名称： 第 页

年		凭证		摘 要	对应账户	借 方								贷 方								借或贷	余 额							
月	日	字	号			十	万	千	百	十	元	角	分	十	万	千	百	十	元	角	分		十	万	千	百	十	元	角	分

总 分 类 账

账户名称： 第 页

年		凭证		摘 要	对应账户	借 方								贷 方								借或贷	余 额							
月	日	字	号			十	万	千	百	十	元	角	分	十	万	千	百	十	元	角	分		十	万	千	百	十	元	角	分

总 分 类 账

账户名称： 第 页

年		凭证		摘 要	对应账户	借 方								贷 方								借或贷	余 额							
月	日	字	号			十	万	千	百	十	元	角	分	十	万	千	百	十	元	角	分		十	万	千	百	十	元	角	分

总 分 类 账

账户名称：   第   页

年		凭证		摘　要	对应账户	借　方									贷　方									借或贷	余　额								
月	日	字	号			十	万	千	百	十	元	角	分	十	万	千	百	十	元	角	分		十	万	千	百	十	元	角	分

总 分 类 账

账户名称：   第   页

年		凭证		摘　要	对应账户	借　方									贷　方									借或贷	余　额								
月	日	字	号			十	万	千	百	十	元	角	分	十	万	千	百	十	元	角	分		十	万	千	百	十	元	角	分

总 分 类 账

账户名称：   第   页

年		凭证		摘　要	对应账户	借　方									贷　方									借或贷	余　额								
月	日	字	号			十	万	千	百	十	元	角	分	十	万	千	百	十	元	角	分		十	万	千	百	十	元	角	分

总 分 类 账

账户名称：　　　　　　　　　　　　　　　　　　　　　　　　　　第　页

年		凭证		摘　要	对应账户	借　方								贷　方								借或贷	余　额							
月	日	字	号			十	万	千	百	十	元	角	分	十	万	千	百	十	元	角	分		十	万	千	百	十	元	角	分

总 分 类 账

账户名称：　　　　　　　　　　　　　　　　　　　　　　　　　　第　页

年		凭证		摘　要	对应账户	借　方								贷　方								借或贷	余　额							
月	日	字	号			十	万	千	百	十	元	角	分	十	万	千	百	十	元	角	分		十	万	千	百	十	元	角	分

总 分 类 账

账户名称：　　　　　　　　　　　　　　　　　　　　　　　　　　第　页

年		凭证		摘　要	对应账户	借　方								贷　方								借或贷	余　额							
月	日	字	号			十	万	千	百	十	元	角	分	十	万	千	百	十	元	角	分		十	万	千	百	十	元	角	分

总 分 类 账

账户名称：　　　　　　　　　　　　　　　　　　　　　　　　　　第　页

年		凭证	摘　要	对应账户	借　方								贷　方								借或贷	余　额							
月	日	字号			十	万	千	百	十	元	角	分	十	万	千	百	十	元	角	分		十	万	千	百	十	元	角	分

总 分 类 账

账户名称：　　　　　　　　　　　　　　　　　　　　　　　　　　第　页

年		凭证	摘　要	对应账户	借　方								贷　方								借或贷	余　额							
月	日	字号			十	万	千	百	十	元	角	分	十	万	千	百	十	元	角	分		十	万	千	百	十	元	角	分

总 分 类 账

账户名称：　　　　　　　　　　　　　　　　　　　　　　　　　　第　页

年		凭证	摘　要	对应账户	借　方								贷　方								借或贷	余　额							
月	日	字号			十	万	千	百	十	元	角	分	十	万	千	百	十	元	角	分		十	万	千	百	十	元	角	分

总 分 类 账

账户名称：　　　　　　　　　　　　　　　　　　　　　　　　　　第　页

年		凭证		摘　要	对应账户	借　方								贷　方								借或贷	余　额							
月	日	字	号			十	万	千	百	十	元	角	分	十	万	千	百	十	元	角	分		十	万	千	百	十	元	角	分

总 分 类 账

账户名称：　　　　　　　　　　　　　　　　　　　　　　　　　　第　页

年		凭证		摘　要	对应账户	借　方								贷　方								借或贷	余　额							
月	日	字	号			十	万	千	百	十	元	角	分	十	万	千	百	十	元	角	分		十	万	千	百	十	元	角	分

总 分 类 账

账户名称：　　　　　　　　　　　　　　　　　　　　　　　　　　第　页

年		凭证		摘　要	对应账户	借　方								贷　方								借或贷	余　额							
月	日	字	号			十	万	千	百	十	元	角	分	十	万	千	百	十	元	角	分		十	万	千	百	十	元	角	分

总 分 类 账

账户名称：　　　　　　　　　　　　　　　　　　　　　　　　　　　　　　　　第　　页

年		凭证		摘　要	对应账户	借　方								贷　方								借或贷	余　额							
月	日	字	号			十	万	千	百	十	元	角	分	十	万	千	百	十	元	角	分		十	万	千	百	十	元	角	分

总 分 类 账

账户名称：　　　　　　　　　　　　　　　　　　　　　　　　　　　　　　　　第　　页

年		凭证		摘　要	对应账户	借　方								贷　方								借或贷	余　额							
月	日	字	号			十	万	千	百	十	元	角	分	十	万	千	百	十	元	角	分		十	万	千	百	十	元	角	分

总 分 类 账

账户名称：　　　　　　　　　　　　　　　　　　　　　　　　　　　　　　　　第　　页

年		凭证		摘　要	对应账户	借　方								贷　方								借或贷	余　额							
月	日	字	号			十	万	千	百	十	元	角	分	十	万	千	百	十	元	角	分		十	万	千	百	十	元	角	分

明　细　账

账户名称：

年		凭证号数	对方科目	摘　要	√	借　方									贷　方									借贷	余　额								
月	日					千	百	十	万	千	百	十	元	角	分	千	百	十	万	千	百	十	元	角	分		千	百	十	万	千	百	十	元	角	分

明　细　账

账户名称：

年		凭证号数	对方科目	摘　要	√	借　方									贷　方									借贷	余　额								
月	日					千	百	十	万	千	百	十	元	角	分	千	百	十	万	千	百	十	元	角	分		千	百	十	万	千	百	十	元	角	分

明　细　账

账户名称：

年		凭证号数	对方科目	摘　要	√	借　方									贷　方									借贷	余　额								
月	日					千	百	十	万	千	百	十	元	角	分	千	百	十	万	千	百	十	元	角	分		千	百	十	万	千	百	十	元	角	分

明　细　账

账户名称：

年		凭证号数	对方科目	摘　要	√	借　方									贷　方									借贷	余　额								
月	日					千	百	十	万	千	百	十	元	角	分	千	百	十	万	千	百	十	元	角	分	千	百	十	万	千	百	十	元	角	分

明　细　账

账户名称：

年		凭证号数	对方科目	摘　要	√	借　方									贷　方									借贷	余　额								
月	日					千	百	十	万	千	百	十	元	角	分	千	百	十	万	千	百	十	元	角	分	千	百	十	万	千	百	十	元	角	分

明　细　账

账户名称：

年		凭证号数	对方科目	摘　要	√	借　方									贷　方									借贷	余　额								
月	日					千	百	十	万	千	百	十	元	角	分	千	百	十	万	千	百	十	元	角	分	千	百	十	万	千	百	十	元	角	分

明 细 账

账户名称：

年		凭证	对方	摘　要	√	借　方										贷　方										借	余　额									
月	日	号数	科目			千	百	十	万	千	百	十	元	角	分	千	百	十	万	千	百	十	元	角	分	贷	千	百	十	万	千	百	十	元	角	分

明 细 账

账户名称：

年		凭证	对方	摘　要	√	借　方										贷　方										借	余　额									
月	日	号数	科目			千	百	十	万	千	百	十	元	角	分	千	百	十	万	千	百	十	元	角	分	贷	千	百	十	万	千	百	十	元	角	分

明 细 账

账户名称：

年		凭证	对方	摘　要	√	借　方										贷　方										借	余　额									
月	日	号数	科目			千	百	十	万	千	百	十	元	角	分	千	百	十	万	千	百	十	元	角	分	贷	千	百	十	万	千	百	十	元	角	分

资产负债表

年　月　日

会企 01 表

编制单位：

单位：元

资　　产	期末余额	年初余额	负债和所有者权益 （或股东权益）	期末余额	年初余额
流动资产：			流动负债：		
货币资金			短期借款		
交易性金融资产			交易性金融负债		
衍生金融资产			衍生金融负债		
应收票据及应收账款			应付票据及应付账款		
预付款项			预收款项		
其他应收款			应付职工薪酬		
存货			应交税费		
持有待售资产			其他应付款		
一年内到期的非流动资产			持有待售负债		
其他流动资产			一年内到期的非流动负债		
流动资产合计			其他流动负债		
非流动资产：			流动负债合计		
债权投资			非流动负债：		
其他债权投资			长期借款		
长期应收款			应付债券		
长期股权投资			其中：优先股		
投资性房地产			永续债		
固定资产			长期应付款		
在建工程			预计负债		
生产性生物资产			递延收益		
油气资产			递延所得税负债		
无形资产			其他非流动负债		
开发支出			非流动负债合计		
商誉			负债合计		
长期待摊费用			所有者权益（或股东权益）：		
递延所得税资产			实收资本（或股本）		
其他非流动资产			资本公积		
非流动资产合计			减：库存股		
			其他综合收益		
			盈余公积		
			未分配利润		
			所有者权益（或股东权益）合计		
资产总计			负债和所有者权益（或股东权益）总计		

单位负责人：　　　　　会计总管：　　　　　审核：　　　　　编制：

利　润　表

年　　月

会企 02 表

编制单位：

单位：元

项　　　目	本期金额	上期金额
一、营业收入		
减：营业成本		
税金及附加		
销售费用		
管理费用		
研发费用		
财务费用		
其中：利息费用		
利息收入		
资产减值损失		
加：其他收益		
投资收益(损失以"－"号填列)		
其中：对联营企业和合营企业的投资收益		
公允价值变动收益(损失以"－"号填列)		
资产处置收益(损失以"－"号填列)		
二、营业利润(亏损以"－"号填列)		
加：营业外收入		
减：营业外支出		
三、利润总额(亏损总额以"－"号填列)		
减：所得税费用		
四、净利润(净亏损以"－"号填列)		
(一)持续经营净利润(净亏损以"－"号填列)		
(二)终止经营净利润(净亏损以"－"号填列)		
五、其他综合收益的税后净额		
六、综合收益总额		
七、每股收益：		
(一)基本每股收益		
(二)稀释每股收益		

会计总管：　　　　　　审核：　　　　　　　　编制：

参考文献

[1] 王秀娟，李凤云，王秀娟．会计基础与基本技能实训习题集[M]．3 版．北京：中国财政经济出版社，2024.

[2] 宋海燕．会计记账技能实训[M]．3 版．北京：机械工业出版社，2021.

[3] 叶叔昌．基础会计实训[M]．上海：上海财经大学出版社，2023.

[4] 刘蕾，郑洋慧．基础会计学习指导、习题与项目实训[M]．2 版．北京：高等教育出版社，2022.

[5] 李金茹．基础会计实训[M]．2 版．北京：机械工业出版社，2022.

[6] 董普，滕宇，王晶．基础会计模拟实训教程[M]．北京：清华大学出版社，2022.

[7] 陈国辉，陈文铭，傅丹，王健．基础会计实训教程[M]．6 版．大连：东北财经大学出版社，2022.

[8] 赵丽生，常洁，高慧芸．会计基础习题与实训[M]．7 版．大连：东北财经大学出版社，2022.

[9] 徐淑华，胡琳，李代文．会计基础实训[M]．3 版．北京：北京师范大学出版社，2019.